Renate Gegner, Anja Hellmuth, Kirsten Hielscher,
Markus Scherl, Corinna Switzer und Barbara Waldheim

Ganz einfach Latein

Der ultimative Latein-Trainer 2

Acl – Partizipien – Ablativus absolutus

C.C. Buchner

Ganz einfach Latein

Der ultimative Latein-Trainer 2
AcI – Partizipien – Ablativus absolutus

Band 2 wurde erarbeitet von Renate Gegner, Anja Hellmuth,
Kirsten Hielscher, Markus Scherl, Corinna Switzer und Barbara Waldheim

Unter Mitarbeit von Friederike Jentsch und Anne Uhl

Lektorat: Bernd Weber
Gestaltung: Peter Lowin

Abbildungsnachweis: S. 62f.: Cinetext, Frankfurt a. M., S. 80: Pressefoto Fred Joch, Poing

RECHTSCHREIBREFORM 2006

2. Auflage $2^{8\,7\,6\,5\,4\,3\,2\,1}$ 2011 10 09 08 07 06
Die letzte Zahl bedeutet das Jahr dieses Druckes.
Alle Drucke dieser Auflage sind, weil untereinander unverändert, nebeneinander benutzbar.

Dieses Werk folgt der reformierten Rechtschreibung und Zeichensetzung.
Ausnahmen bilden Texte, bei denen künstlerische, philologische oder lizenzrechtliche Gründe einer Änderung entgegenstehen.

www.ccbuchner.de

Layout und Gestaltung: Artbox Grafik & Satz GmbH, Bremen
Druck- und Bindearbeiten: Druckhaus Thomas Müntzer GmbH, Bad Langensalza

ISBN 3-7661-**5472**-9
ISBN 978-3-7661-**5472**-9

Hallo!

Wenn ihr schon mit dem ersten Band von Ganz einfach Latein gearbeitet habt, dann kennt ihr bereits die drei Prinzipien dieses **ultimativen Latein-Trainers**: Verstehen, Wiederholen, Üben! Ganz egal, wo es bei euch klemmt, ob ihr im Unterricht etwas nicht verstanden habt oder einfach noch mehr üben und wiederholen wollt: Mit dieser Latein-Lernhilfe macht ihr euch wieder fit!

Alle Erklärungen sind unkompliziert und für euch leicht verständlich. Und so werdet ihr mit viel Spaß und ohne Frust an die Arbeit gehen – denn arbeiten müsst ihr natürlich selber – aber nicht alleine, denn ein paar nette Begleiter helfen euch dabei. Vielleicht kennt ihr sie ja schon aus dem ersten Band:

Die beiden Freunde **Clara** und **Rigorosus**, die mit euch zusammen versuchen, den Geheimnissen der lateinischen Grammatik mit detektivischem Scharfsinn auf die Spur zu kommen.

Spurius, der schnüffelnde Spürhund, der euch besonders bei den Übungen eine Stütze sein will.

Spurius hat übrigens auf einer seiner letzten Erkundungstouren den Raben **Corax** kennengelernt. Und weil sich Corax mit den ganz kniffligen Fällen der lateinischen Sprache fast noch besser auskennt, hat Spurius ihn gleich mitgebracht!

Auch jetzt vorweg geben euch Spurius und Corax die notwendigen Tipps, wie ihr am besten mit dem Latein-Trainer umgeht, damit sich schnell eine Verbesserung für euch einstellt. Also gut aufpassen; dann kann eigentlich nichts schiefgehen und Latein wird bald kein Problem mehr für euch sein!

1. Die Lernkapitel

Jedes Kapitel hat ein einziges grammatisches Thema, das ihr ganz gezielt einüben könnt. Um euch die Suche nach bestimmten Kapiteln zu erleichtern, haben wir jedem Kapitel eine eigene Farbe gegeben. Am Anfang jedes Kapitels gibt es ein Bild und eine grammatische Erklärung. Am Ende der Lernkapitel findet ihr die Zusammenfassung („Auf einen Blick"), und dann kommen mehrere Seiten Übungen zum Einüben oder Wiederholen.

2. Die Wiederholungskapitel

An zwei Stellen gibt es Wiederholungskapitel, damit ihr zwischendurch auch überprüfen könnt, ob ihr den Stoff verstanden habt und beherrscht.

3. Die Methodenboxen

Die Methodenboxen bieten euch ein tolles Spezial-Training an. Dort geht es nicht um *ein* bestimmtes Grammatik-Thema, sondern um einige ganz allgemeine (und leicht erlernbare!) Tricks, die euch beim Lateinlernen immer und überall nützlich sein werden: Ihr erfahrt z.B., wie man am besten Vokabeln lernt, wie man schwierige lateinische Formen leichter „knacken" kann, und natürlich findet ihr dort auch Hinweise, die euch das Übersetzen leichter machen!

4. Die Lösungen

Am Ende des Lerntrainers findet ihr für alle Übungen die Auflösungen, damit ihr auch wirklich selbstständig mit dem Buch arbeiten und euch kontrollieren könnt. Tipp: Versucht es aber zuerst wirklich selber, ihr schafft das nämlich!

5. Das Vokabelverzeichnis

Da dieser Latein-Trainer vielleicht Vokabeln enthält, die euch aus eurem Lateinbuch in der Schule nicht so bekannt oder vertraut sind, haben wir alle Vokabeln in einem alphabetischen Verzeichnis gesammelt, das auch die deutschen Bedeutungen enthält. So könnt ihr es wie ein Lateinlexikon benutzen und kommt mit unbekannten Vokabeln nicht ins Schleudern!

Nun gilt es noch, sich einige Symbole und Trainingstipps einzuprägen, und dann könnt ihr loslegen!

Wenn ihr dieses Zeichen seht, heißt das „Aufgepasst!", hier wird etwas Wichtiges erklärt!

Achtung! Mit diesem Zeichen werdet ihr darauf hingewiesen, dass eine Verwechslungsgefahr besteht. Das heißt für euch: „Genau hingucken!"

Hier habt ihr alles in einem „Schnappschuss" zusammengefasst, was im Kapitel wichtig war. Den Kasten „Auf einen Blick" könnt ihr euch auch als Lernkasten einprägen.

Corax gibt euch von Zeit zu Zeit wichtige Informationen über Lernregeln, Übersetzungshilfen, Ausnahmen, Sonderfälle oder andere Details. Corax betreut übrigens auch das Training in den Wiederholungskapiteln!

Trainingstipps!

Geht nicht mit schlechter Laune an die Arbeit! Macht es euch gemütlich, dann kann das Lernen sogar viel Spaß bringen. Wenn ihr in Latein etwas lernen wollt, ist es wie beim Sport. Man muss sich auch etwas zutrauen, sonst wird es nichts! Der Satz „Ich kann das nicht!" ist verboten!

Nehmt euch nicht zu viel an einem Tag vor! Mehr als ein Kapitel solltet ihr nicht eintrainieren. Wenn ihr das sorgfältig macht, habt ihr mehr davon.

Ihr braucht bestimmte Arbeitsmaterialien beim Training:

- einen Bleistift (für Übungen, die im Trainer bearbeitet werden)
- Buntstifte (für unterschiedliche Markierungen)
- ein Schreibheft (einige Übungen müsst ihr dort eintragen)
- Karteikarten (vielleicht wollt ihr euch entscheidende Dinge aufschreiben, die man sich auf Lernkärtchen leichter einprägen kann: Vokabeln, wichtige Merksätze, Zusammenfassungen, Konjugationen etc.)

Ihr könnt euch aber statt eines Schreibheftes auch eine eigene Datei auf eurem PC anlegen. In diese Datei könnt ihr nach und nach alle Lösungen eintragen, ihr könnt darin Kennkarten oder Vokabellisten erstellen, ganz nach eurem Geschmack Notizen sammeln, ordnen und gestalten. Am besten druckt ihr die Datei ab und zu aus und legt den Ausdruck in dieses Arbeitsbuch.

Und zu guter Letzt: Man kann nur lernen, wenn man auch einmal eine vernünftige Pause macht. Hört dann ein bisschen Musik, holt euch etwas zu trinken oder zu essen und seid ein wenig stolz darauf, ein ganzes Kapitel ganz alleine bearbeitet zu haben. Gut gemacht!

Und nun wünschen wir euch viel Spaß beim Training!

Euer Autorenteam

Liebe Eltern!

Mit Ganz einfach Latein bieten wir Ihren Kindern eine neue Art von Latein-Trainer, der den wichtigsten Stoff der Spracherwerbsphase aufbereitet. Wir – das ist ein Team von Lehrerinnen und Lehrern, das auf der Grundlage von Praxiserfahrung sowie moderner didaktischer Überlegungen diese Trainer-Reihe geschaffen hat.

Dynamisches Arbeitsbuch ➜ Eigenständiges Arbeiten und Motivation werden in diesem Trainer großgeschrieben. Daher versteht sich dieses Buch nicht als umfassende Grammatik, sondern vielmehr als ein dynamisches Arbeitsbuch, das in spielerischer Weise die Eigenaktivität Ihrer Kinder fördert und fordert.

Training mit Spaß! ➜ Der Lateintrainer bietet Schülerinnen und Schülern Gelegenheit, in Eigenregie und mit Spaß Grundstrukturen der lateinischen Sprache zu festigen und individuelle Schwächen aufzuarbeiten. Die Kapitel bestehen jeweils aus einem Erarbeitungsteil mit Erklärungen und einem anschließenden Übungsteil, hinzukommen umfassende Wiederholungskapitel.
Ganz einfach Latein wendet sich bewusst in einer schülergerechten Sprache und in ansprechender, zeitgemäßer Gestaltung an seine Benutzer: Auf diese Weise wird Grammatik verstanden und geübt; Langeweile kommt nicht auf; vielmehr erfahren die Schüler, dass Arbeiten auch Spaß machen kann.

Übungsvielfalt ➜ Die Übungsteile sind äußerst vielfältig, wobei der Schwierigkeitsgrad der Übungen im Laufe eines Kapitels zunimmt. Je nach Bedarf kann der Schüler auswählen, welche und wie viele Übungen er bearbeiten will.
Die Vermittlung von Lerntechniken (z.B. im Bereich Wortschatz) rundet das Konzept des selbstbestimmten Lernens ab.

Einsatzmöglichkeit ➜ Eine besondere Stärke dieses Trainers liegt in seinen flexiblen Einsatzmöglichkeiten. Es ist zwar wünschenswert, keineswegs aber notwendig, das gesamte Buch durchzuarbeiten. Die Aufbereitung des Stoffes in jeweils abgeschlossenen Kapiteln erlaubt es den Schülerinnen und Schülern, ihren Einstieg in den Trainer an ihren persönlichen Bedürfnissen auszurichten. Welches Lateinbuch in der Schule verwendet wird, spielt für die Arbeit mit diesem Lateintrainer keine Rolle. Für eine problemlose Benutzung sorgen eine allgemeinverständliche Terminologie sowie das mitgelieferte Vokabelverzeichnis und das Lösungsheft.

Lösungsheft ➜ Ein Lösungsheft ermöglicht es den Schülern, ihren Lernfortschritt eigenständig zu überprüfen; für Sie als Eltern stellt das Lösungsheft eine Möglichkeit dar, das Lateintraining Ihres Kindes begleitend zu unterstützen.

Inhaltsverzeichnis

Methodenboxen 1 & 2

Über Fitness und Form ...

Methodenbox 1: Vokabeln lernen – aber wie?!

Falls du die „verflixten" Vokabeln nicht in deinen Kopf bekommst – keine Bange: Hier erhältst du einige Tipps, die das Lernen und das Behalten unterstützen und sehr erleichtern können. Sie sind aufgeteilt in drei Bereiche: **Quando?** (wann?), **Quot?** (wie viele?) und **Quomodo?** (wie?).

1. Quando? (Wann?)

Lerne am besten nicht eine halbe Stunde lang (womöglich unmittelbar nach einem großen Mittagessen!), sondern **5–10 Minuten, mehrmals am Tag**.

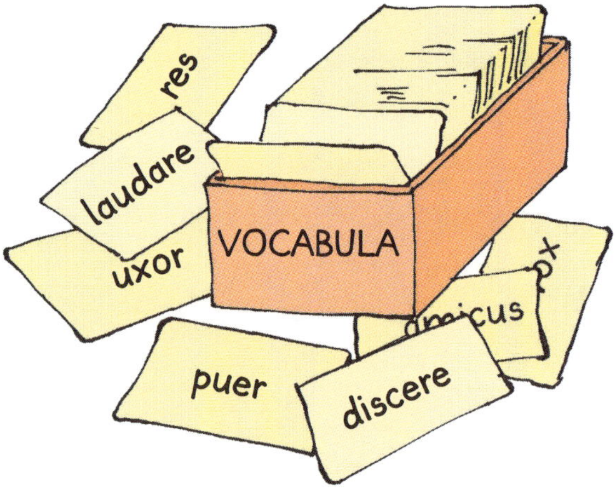

Warum das? Dein Gedächtnis braucht Wiederholungen, wenn die Vokabeln „sitzen" sollen. Daher solltest du auch regelmäßig die bereits gelernten, „älteren" Vokabeln auffrischen, damit du auf sie zurückgreifen kannst.
Wiederhole die frisch gelernten Vokabeln nach einigen Tagen. Erst wenn du sie zwei- bis dreimal hintereinander etwa über ein bis zwei Wochen verteilt gewusst hast, sind sie im Langzeitgedächtnis angekommen. Dann genügt eine Auffrischung in größeren Zeitabständen.
Hierzu ist beispielsweise ein Karteikasten hilfreich, dessen Inhalt du nach und nach wieder „umwälzen" kannst. Du kannst dir aber auch einen Arbeitsplan erstellen.

2. Quot? (Wie viele?)

Lerne nicht mehr als etwa **7–10 Vokabeln** pro Lernphase.

Natürlich kannst du in der kleinen Pause vor dem Vokabeltest vielleicht alle Vokabeln ins Kurzzeitgedächtnis „laden" – und hast möglicherweise sogar Erfolg. Auf Dauer werden sie dir aber wieder entfallen, da der Lernspeicher überlastet ist. Den Erfolg, den du dir wünschst, hast du also leichter und zugleich dauerhafter, wenn du die Vokabelhäppchen kleinhältst und dir dafür lieber öfter ein paar Minuten zum „Essen" bzw. Lernen gönnst!

3. Quomodo? (Wie?)

Lerne durch Abschreiben, durch Lesen, durch Abfragen lassen etc. auf einem Weg, der dir besonders liegt.

Oder probiere einmal das Lernen durch **Bewegung** (indem du hin- und hergehst, hüpfst, die Vokabeln tanzt, ...), durch **Musik** (indem du sie singst oder rhythmisch klopfst), durch **Bilder** (indem du Vokabeln malst oder dir bildlich vorstellst) ... und eigene Wege! Du brauchst dich auch nicht im stillen Kämmerlein zu verkriechen – nimm dir deine 7–10 Kärtchen und lerne beim Spazierengehen, auf der Busfahrt zum Sport, mit Freunden zusammen (!), beim Zähneputzen oder ...!?
Hilfreich sind auch Eselsbrücken: Sie dürfen ruhig abwegig oder lustig sein, dann behältst du sie gleich doppelt so gut!

Klar: die hier vorgestellten Wege funktionieren kombiniert am besten (auch gesungene Vokabeln wollen wiederholt werden ...). Wichtig bist in diesem Falle *du* allein, denn *dein* eigener Lernweg ist für *dich* der beste! Trotzdem: Probiere verschiedene Tipps aus, auch wenn sie dir zunächst albern oder unwahrscheinlich vorkommen. Meist sind gerade das die Erfolgversprechendsten!

Methodenbox 2:
Eine Form bestimmen – so geht's!

Sicherlich passiert es dir manchmal, dass in einem lateinischen Text oder einer Übung ein Wort auftaucht, das du beim besten Willen nicht einordnen kannst. Nicht verzagen – es ist doch ein Unterschied, ob z. B. die mehrdeutige Form amici (Gen. Sing./Nom. Pl.) brav in einer Kasustabelle steckt oder sich frecherweise als Genitiv in einem Satz herumtreibt (Nomen amici Gaius est.)! Manchmal musst du eine Form erst einmal „knacken". Wie dieser „Knackvorgang" seinen Schrecken verliert und vor allem zu einer spannenden Angelegenheit wird, verraten dir die folgenden Tipps!

1. Schritt: Weg mit der Endung! oder: Das Grundwort erkennen

Das Angenehme an lateinischen Wörtern ist, dass sie meist aus einem **unveränderlichen** Teil (dem *Bedeutungsteil* oder auch *Stamm*) und einem **veränderlichen** Teil (dem *Signalteil* oder auch *Endung*) bestehen. Dieser veränderliche Teil gibt entweder den Kasus an (dafür musst du natürlich wissen, dass die Grundform ein Nomen ist!) oder er zeigt dir (bei Verben!), welche Person handelt. Auch ein Tempusbaustein kann eingesetzt worden sein, er steht dann vor der Personalendung. Lass dich von dem zu knackenden Wort nicht verunsichern, sondern zerteile es einfach Stück für Stück, damit du aus einem großen Brocken einige kleinere machst.

laudaveramus ➜ **laudavera-** Aha! **-mus** ist 1. Person Pl. Aktiv, das gesuchte Grundwort muss also ein Verb sein. Das Verb laudaverare gibt es nicht, aber **-era-** ist Kennzeichen für das Plusquamperfekt. Weg damit!
Übrigbleibt **laudav-**, und das ist der Perfekt-Stamm von **laudare** – loben!

Noch ein Beispiel gefällig?

desperantis ➜ **-tis** könnte 2. Pers. Pl. sein, dann müsste das Verb desperanre lauten, was es nicht gibt! Aber desperare kennst du, und bei dem Baustein **-nt-** klingeln alle Alarmglocken? Richtig, es muss ein **Partizip Präsens Aktiv** sein! Geh die Kasusformen einmal durch: Nom.: desperans, Gen.: **desperantis** – da ist sie!

Gut getarnt?

Enttarne die Grundwörter, bevor sie sich aus dem Staub machen, und sammle sie links im Scheinwerferlicht. Die Signalteile sortiere rechts ein.

„Agenten": videbatis, laetis, humanitatis, templo, clamo, domino

Grundwörter

Signalteile

Nomenbaustein — Verbbaustein

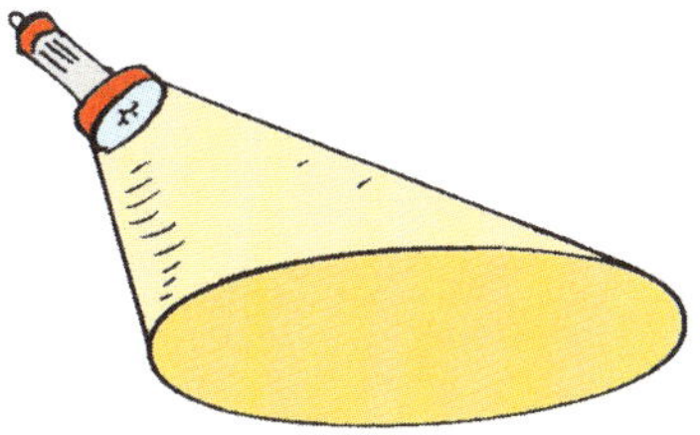

„Wurmwörter"

Die kleinen Wortwürmer wachsen und wachsen – füttere sie mit der richtigen Lösung!

a) amat – amabat – amabatur – amabantur

3. Pers. Sing. Präs. Ind. Akt.

b) vide – videt – videte

c) consul – consule – consulem

d) clamor – clamori – clamoribus – clamoribusque

2. Schritt: Du entkommst mir nicht! oder: Sieh deinem „Gegenüber" tief ins Auge!

Nicht immer ist das Bestimmen einer Endung so leicht wie gerade beschrieben – was machst du nur mit mehrdeutigen Formen?? Nun, ein zu knackendes lateinisches Wort wird sich im Regelfall innerhalb eines Satzes aufhalten. Und hier setzt du an! Denn die übrigen Wörter des Satzes plaudern dir gern Informationen über ihren kniffligen Partner aus – du musst nur ganz genau hinhören und hinsehen!

Amici Rufum interrogant: „Quo nos **ducis**, amice?"
Rufus: „Consilium **ducis** nobis certe placet!"

Und so geht es: Nehmen wir an, dein „Gegenüber" sei die Form ducis im zweiten Satz. Du überlegst verzweifelt, ob es nun Genitiv Sing. von dux, der Führer, sein könnte – oder die 2. Pers. Sing. Präs. von ducere, führen, im Präsens. Mit placet ist bereits ein Prädikat da, es gefällt also etwas. Du erfährst auch, was das ist: consilium. Für ein zweites Prädikat ist hier kein Platz, auch ergäbe es keinen Sinn. Somit ist der Fall geklärt: du musst hier den Genitiv einsetzen!

Bei den folgenden verflixt ähnlichen Beispielen ist die Entscheidung für amici auch nicht schwer:

Amici matris cenam bonam parant. – **Amici** mater cenam bonam parat.

Fall 1: Das Prädikat verrät dir, dass es im Plural steht und sich auf amici (Nom. Pl.) bezieht, zumal kein weiterer Nominativ zu finden ist.

Fall 2: Du hast ein anderes Wort im Nominativ, sodass amici als Genitiv Sinn ergibt.

Aufgepasst und zugefasst ... auf Ehre und Gewissen!

Die beiden ersten Methodenboxen haben dir nun einige Möglichkeiten für das Vokabellernen und das Erkennen von Formen aufgezeigt. Den wichtigsten Schritt leistest du selbst (und zwar schon in diesem Moment!), indem du dich mit den Bereichen, die dir noch nicht so leicht fallen, auseinandersetzt!

Nun eine „(Ge-)Wissensfrage":
Hast du die Formen der o- und a-Deklination noch im Kopf? Sprich sie einmal laut vor dich hin (zum Beispiel mit amicus und amica). Solltest du ins Überlegen kommen, schlage sie **jetzt** nach und wiederhole sie.

Eine solche (Ge-)Wissensfrage kannst du beispielsweise in dein Übungsprogramm aufnehmen – so wiederholst du immer wieder bekannte Formen, bevor du Neueres übst! Weitere (Ge-)Wissensfragen können lauten:

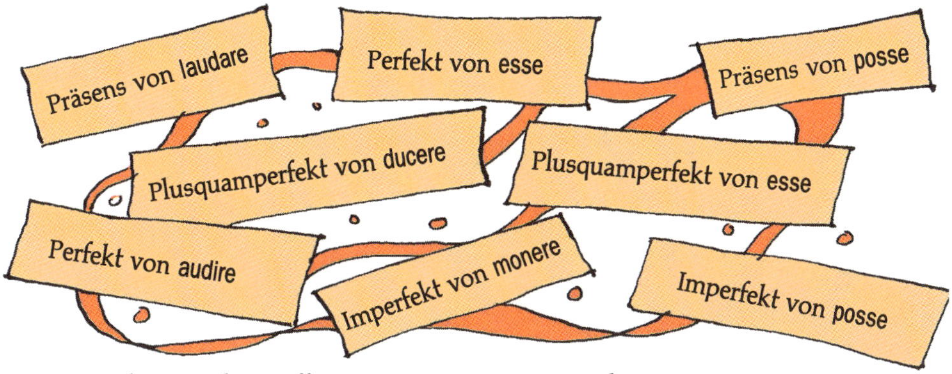

(Dies ist übrigens der Stoff aus **Ganz einfach Latein**, Band 1.)

Bausteinpuzzle

Setze die Signalteile und die Bedeutungsteile so zusammen, dass korrekte Verb- und Substantivformen entstehen. Tipp: Hinter dem Bedeutungsteil findest du jeweils die Anzahl der Möglichkeiten. Findest du sie alle?

Aus der Trickkiste: „Die zersägte Jungfrau“

Füge jeweils eine Box hinzu und übersetze das entstandene Wort:

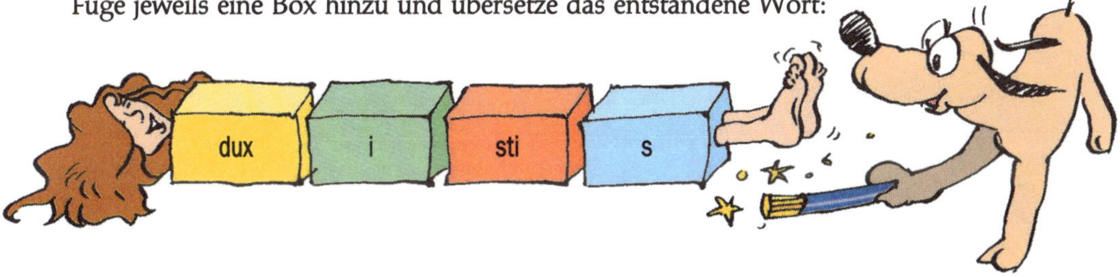

Der Ordnung zuliebe!

Die u- und die e-Deklination

1. Die u-Deklination

portus, ūs *m.*
der Hafen

Clara: „Aha, das entscheidende Merkmal scheint das -u- zu sein, denn es taucht im Genitiv wieder auf."

Da das **-u-** in fast allen Kasus auftaucht, hat diese Deklination den Namen **u-Deklination**.

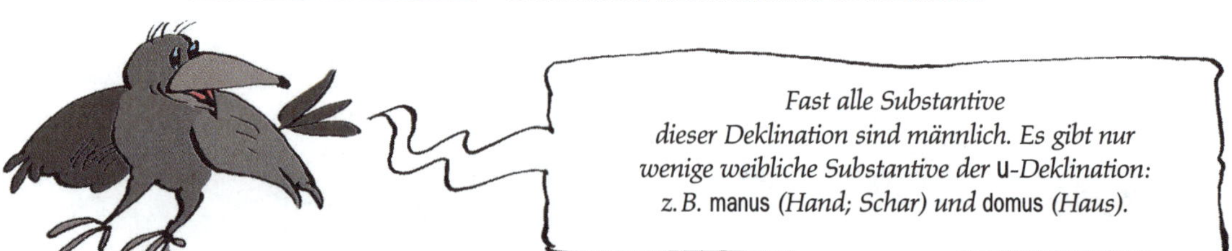

Übung – Jetzt bist du schon dran!

Ergänze die fehlenden Formen von magistratus!

u-DEKLINATION

Nom. Sing.	port-**us**	magistratus
Gen.	port-**ūs**	
Dat.	port-**uī**	
Akk.	port-**um**	
Abl.	port-**ū**	
Nom. Pl.	port-**ūs**	
Gen.	port-**uum**	
Dat.	port-**ibus**	
Akk.	port-**ūs**	
Abl.	port-**ibus**	

PAPYRUS

1. Nom.
2.
3.
4.

Und jetzt bist du dran!

-us taucht in dieser Deklination viermal als Endung auf! Aber der Satzzusammenhang hilft dir zu entscheiden, um welchen Fall von -us es sich handelt. Übersetze den Satz und kläre den -us-Fall!

1. Magna pars exercitus multa aedificia expugnavit.

_______________________________________.

-us:

2. Multi magistratus consilia consulum non audiunt.

____.

-us: ____

3. Domus nova medio in foro est.

____.

-us: ____

4. Romani magistratus saepe laudant.

____.

-us: ____

equus, equī *m.*	tempus, tempor**is** *n.*	cāsus, cās**ūs** *m.*

Achtung: Ob ein Wort zur u-Deklination gehört, kannst du für den Nom. Sing. nur entscheiden, wenn du den Genitiv mitgelernt hast!

Auf einen Blick: die u-Deklination

1. Der Vokal **-u-** kommt in fast allen Fällen vor und gibt der Deklination ihren Namen.
2. Einige Endungen sind mehrdeutig: Das Signal **-us** kann Nom. Sing., Gen. Sing., Nom. Pl. und Akk. Pl., das Signal **-ibus** kann Dat. oder Abl. Pl. sein.
3. Die u-Deklination umfasst beinahe nur männliche Substantive. Achte aber auf die **Ausnahmen:** manus *(Hand; Schar)* und domus *(Haus)* sind weiblich.

2. Die e-Deklination

rēs, -eī *f.*
Sache

Hier ist das **-e-** wichtig; es taucht nämlich in allen Fällen auf. Deswegen nennt man diese Deklination **e-Deklination**.
Bei der e-Deklination sind fast alle Substantive weiblich.

Übung – Jetzt bist du dran!

Ergänze die fehlenden Formen von dies!

e-DEKLINATION

Nom. Sing.	r-ēs	dies
Gen.	r-eī	
Dat.	r-eī	
Akk.	r-em	
Abl.	r-ē	
Nom. Pl.	r-ēs	
Gen.	r-ērum	
Dat.	r-ēbus	
Akk.	r-ēs	
Abl.	r-ēbus	

PAPYRUS

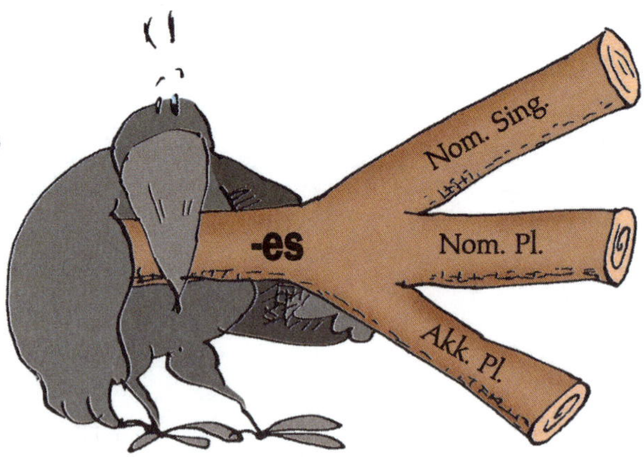

Auch bei der e-Deklination gibt es einige nicht eindeutige Formen; präge sie dir gut ein! Der Inhalt des Satzes, in dem eine solche Form auftaucht, hilft dir zu entscheiden, um welchen Kasus und Numerus es sich jeweils handelt!

Übungen – Jetzt bist du dran!

1. Simsalabim!

Der Zauberstab hat sich selbständig gemacht und Singular in Plural und Plural in Singular verwandelt. Mache es rückgängig!
Notiere aber zuerst den vorgefundenen Zauberzustand.

1.	Nom. Pl.	res bonae →	res bona
2.		rerum magnarum →	
3.		rebus magnis →	
4.		rem parvam →	
5.		rei certae →	

2. Res publica

Die berühmteste Wendung, in der res auftaucht, ist res publica (der Staat). Dekliniere sie vollständig in dein Heft!

3. Hilf Clara beim Einsortieren der Substantive der e-Deklination!

Die Anfangsbuchstaben der Wörter, die danach übrigbleiben, ergeben wiederum ein lateinisches Wort der e-Deklination.

rebus fidei reges diem spes faciem meridiei acie saepe esse rerum

Lösungswort:

Auf einen Blick: die e-Deklination

1. Der Vokal **-e-** kommt in allen Kasus vor und gibt der Deklination ihren Namen.
2. Einige Endungen sind mehrdeutig: Das Signal **-ēs** kann Nom. Sing. oder Pl. oder Akk. Pl. sein, das Signal **-eī** kann Gen. oder Dat. Sing. sein, **-ēbus** kann Dat. oder Abl. Pl. sein.
3. Die e-Deklination hat fast nur weibliche Substantive. Achte aber auf die **Ausnahme**: dies, diei ist je nach Bedeutung männlich *(Tag)* oder weiblich *(Termin)*.

Eins, zwei, drei – keine Hexerei!

Die Adjektive der i-Deklination

Die Formen der zweiendigen Adjektive

ZWEIENDIGE ADJEKTIVE

	m./f.	n.
Nom. Sing.	lev-**is**	lev-**e**
Gen.	lev-**is**	lev-**is**
Dat.	lev-**ī**	lev-**ī**
Akk.	lev-**em**	lev-**e**
Abl.	lev-**ī**	lev-**ī**
Nom. Pl.	lev-**ēs**	lev-**ia**
Gen.	lev-**ium**	lev-**ium**
Dat.	lev-**ibus**	lev-**ibus**
Akk.	lev-**ēs**	lev-**ia**
Abl.	lev-**ibus**	lev-**ibus**

Auf der Kennkarte findest du ein Adjektiv immer im Nom. Sing., manchmal steht auch der Gen. Sing. dabei. Diesen musst du dann mitlernen, damit du den Stamm des Adjektivs kennst:

fēlīx m./f./n. Gen.: fēlīcis	levis, leve m./f. n.	ācer, ācris, ācre m. f. n.
↑ Bei den **einendigen** Adjektiven ist der Nom. Sing. für alle drei Geschlechter zuständig.	↑ Bei den **zweiendigen** steht die erste Form für das Maskulinum und das Femininum, die zweite für das Neutrum.	↑ Bei den **dreiendigen** gibt es für jedes Geschlecht eine eigene Form.

Ab dem Genitiv Singular haben sie aber alle das Deklinationsschema, das du im Papyrus auf S. 20 siehst!

Übung – Jetzt bist du dran!

Sieh dir den Papyrus auf S. 20 nochmal genau an und trage dann hier die Endungen der Adjektive der i-Deklination ein!

1.		(Gen. Sing. *m./f./n.*)	6.		(Abl. Sing. *m./f./n.*)
2.		(Dat. Sing. *m./f./n.*)	7.		(Nom. + Akk. Pl. *n.*)
3.		(Akk. Sing. *m./f.*)	8.		(Gen. Pl. *m./f./n.*)
4.		(Nom. + Akk. Pl. *m./f.*)			
5.		(Dat. + Abl. Pl. *m./f./n.*)			

↑ Diese Endungen kennst du aus der konsonantischen Deklination.

↑ Bei einigen mogelt sich ein -i- herein.

Diese „Mogelformen" geben der Deklination ihren Namen: **i-Deklination**.

Es gibt aber vier Adjektive, die vollständig nach dem Schema der Konsonantischen Deklination dekliniert werden:

dīvēs, dīvitis reich	pauper, pauperis arm	vetus, veteris alt	prīnceps, prīncipis erster

also: **-e** im Abl. Sing., **-um** im Gen. Pl., **-a** im Nom. und Akk. Pl. Neutrum

Übung – Du bist schon wieder dran!

Suche im Buchstabensalat senkrecht, waagerecht und diagonal Adjektive der i-Deklination. Schreibe die Formen in dein Heft und bestimme sie genau!

O	V	I	N	U	M	X	N	W	I	T	I	Q	U	S	A	B	L
R	I	P	A	F	G	V	O	J	B	V	S	N	E	R	Z	I	P
A	C	A	C	R	I	B	U	S	D	G	J	O	N	B	V	X	A
T	T	U	U	R	N	P	E	R	L	J	G	B	A	K	H	F	S
O	O	P	R	U	G	Z	C	E	L	E	R	I	S	I	J	A	X
R	R	E	A	M	E	C	I	E	E	S	V	L	Q	S	C	E	U
E	E	R	E	B	N	M	O	R	L	O	U	I	D	V	M	N	L
S	S	E	S	L	T	C	N	F	C	E	Z	A	B	O	Z	S	C
C	V	N	V	U	I	E	S	O	L	L	R	G	C	L	T	E	B
N	L	E	V	I	S	Y	X	R	R	P	I	E	O	R	S	Y	A
B	O	N	T	Z	M	E	S	T	R	S	V	H	S	V	E	M	L
A	X	R	F	U	D	I	V	I	T	U	M	U	B	K	G	M	R
C	N	V	L	H	S	Z	S	U	W	Q	I	J	E	C	I	L	P
T	O	X	S	C	B	M	K	M	J	G	D	A	Q	E	L	T	U
K	M	Q	S	U	L	E	S	R	I	E	L	H	F	C	S	R	D

Auf einen Blick: die Adjektive der i-Deklination

1. Die meisten Formen kennst du schon von den Substantiven der Konsonantischen Deklination. Bei der i-Deklination der Adjektive findet sich ein **-i-** im Abl. Sing. *m./f./n.*; Nom. und Akk. Pl. *n.*; Gen. Pl. *m./f./n.*.

2. Zu dieser Deklination von Adjektiven gehören **ein-, zwei- und dreiendige Adjektive**. Die einzelnen Endungen kennzeichnen genau festgelegte Geschlechter im Nom. Sing.

3. Achtung! Vier Adjektive werden vollständig nach der Konsonantischen Dekl. dekliniert: **dīvēs, pauper, vetus, prīnceps** (also -e/-um/-a).

Übungen zu den drei neuen Deklinationen

1. Reicht euch die Hände!
Bilde Paare mit jeweils einem Adjektiv und einem Substantiv.

magno	longis	parva	multorum	antiquam
domum	manu	cursibus	exercitui	magistratuum

1.

2.

3.

4.

5.

2. In welche Klasse gehören die Schüler?
Ergänze den Genitiv Singular und ordne zu!

3. Streichkonzert

Zu jedem Substantiv passt nur eine Adjektivendung, streiche die nicht passenden durch!

1.	brevis / breve	dies	5.	fortis / forte	puella
2.	acer / acris / acre	gladius	6.	tristis / triste	mercator
3.	nobilis / nobile	consul	7.	gravis / grave	poculum
4.	similis / simile	portus	8.	dulcis / dulce	res

4. Schnapp dir den Schatz!

Beschrifte zuerst die restlichen Schatzkisten! Für jeden Schatz gibt es mindestens einen passenden Schlüssel, einige Schlüssel passen gar nicht, einige öffnen mehrere Truhen. Schreibe die gefundenen Adjektiv-Substantivverbindungen in dein Heft.

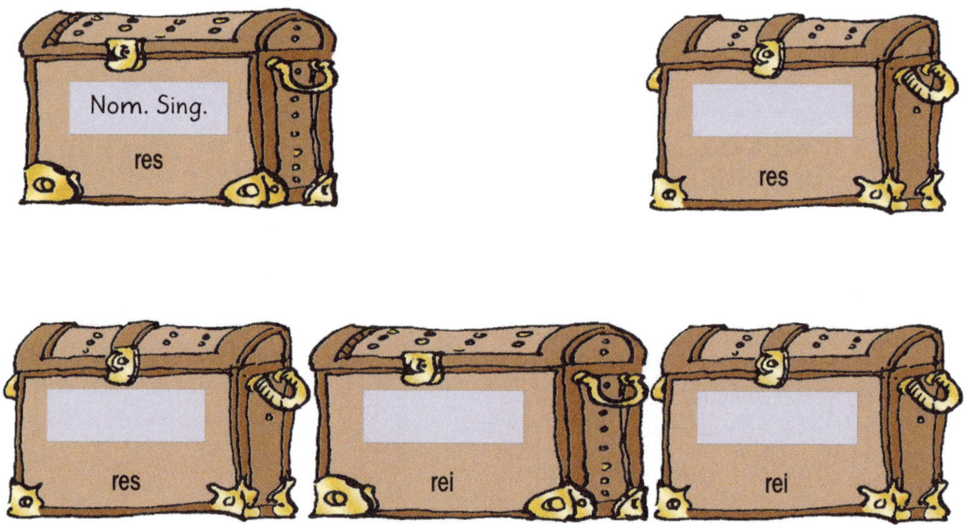

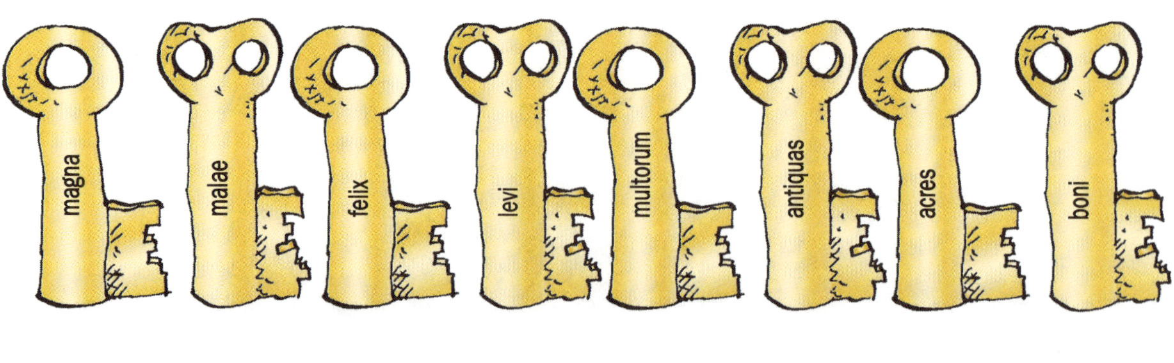

5. Genau hingeschaut!

Ergänze die Lücken. Vorsicht! Auch Ausnahmen haben sich eingeschlichen!

1. medicum sapient
2. populos fort
3. gaudium brev
4. templa veter
5. amore felic
6. mercatorum divit
7. feminas nobil
8. cum amica prudent

6. Deklinations-Cocktail

Mische in jedem Glas einen Cocktail! Aber das Mischungsverhältnis muss stimmen: Aus jeder neuen Deklination dieses Kapitels (Substantiv der u- und der e-Deklination; Adjektiv der i-Deklination) muss eine Zutat enthalten sein.

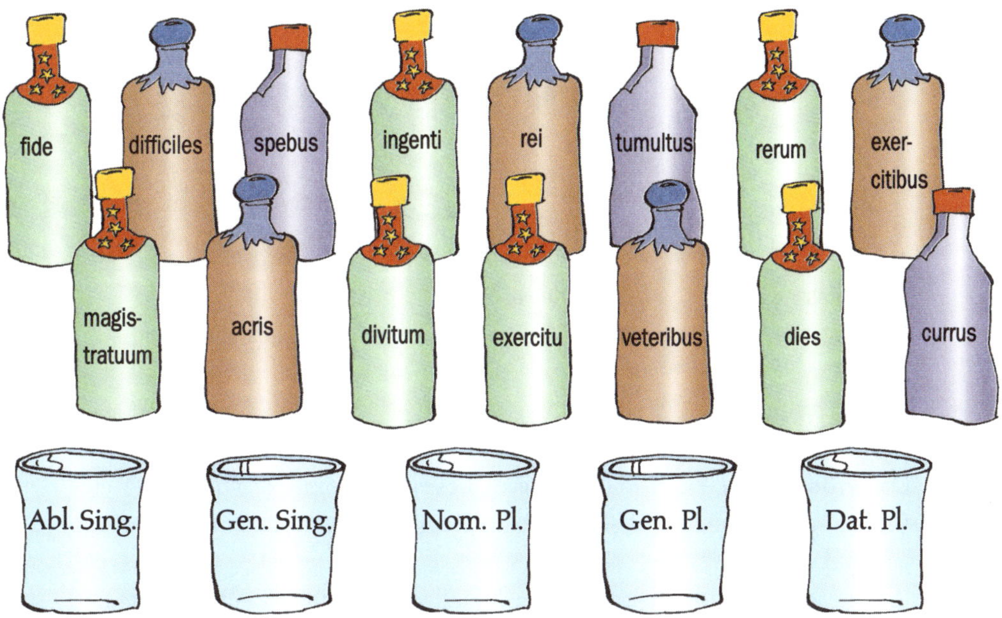

7. Der Esel im Löwenpelz!

Übersetze die Geschichte in dein Heft. Vokabeln, die du nicht kennst, kannst du im Vokabelverzeichnis des Lösungsteils nachschlagen!

Asinus onus ingens portare non cupivit et dominum pauperem effugit. Breve tempus per silvas cucurrit et pellem leonis ingentis invenit. Induit eam et homines terruit. Omnes homines eum leonem ferocem esse putabant.

Tandem asinus dominum veterem vidit et magna voce clamavit. Auris ingens autem e pelle eminebat; itaque dominus felix asinum suum cognovit.

Er, sie, es – dieses oder jenes?

Das Pronomen is, ea, id

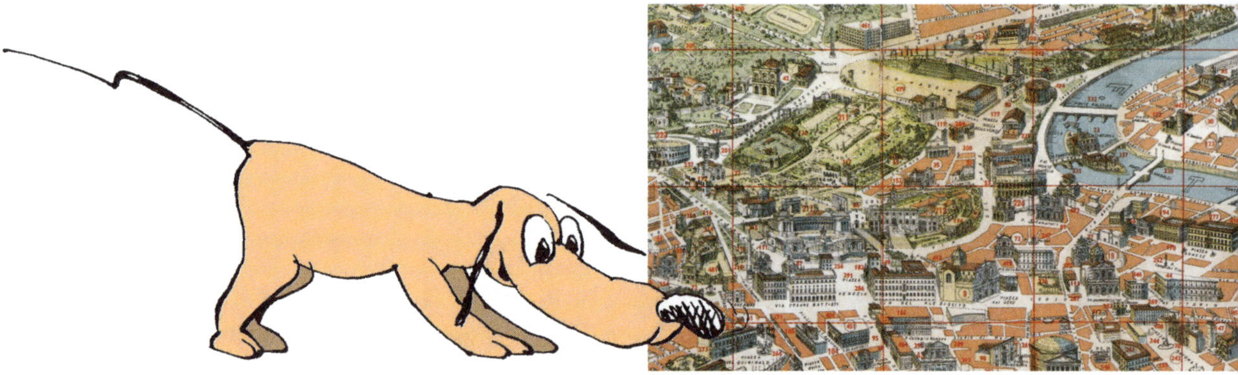

Ea urbs magna est.	**Diese** Stadt ist groß.
Multi visitatores **id** cognoscunt.	Viele Touristen erfahren **das / dies**.

① is, ea, id als Demonstrativpronomen

Das Pronomen **is**, **ea**, **id** (**dieser**, **diese**, **dieses**) weist mit Nachdruck auf eine Person oder Sache hin. Es steht hier als Demonstrativpronomen (demonstrare: genau zeigen).

Es wird entweder adjektivisch gebraucht, indem es ein Substantiv begleitet und damit hervorhebt (ea urbs: diese Stadt), oder substantivisch als Stellvertreter (id: das).

Der is-ea-id-Papyrus

IS-EA-ID PAPYRUS

	m.	f.	n.
Nom. Sing.	i-**s**	e-**a**	i-**d**
Gen.	e-**ius**	e-**ius**	e-**ius**
Dat.	e-**ī**	e-**ī**	e-**ī**
Akk.	e-**um**	e-**am**	i-**d**
Abl.	e-**ō**	e-**ā**	e-**ō**
Nom. Pl.	e-**ī** / i-**ī**	e-**ae**	e-**a**
Gen.	e-**ōrum**	e-**ārum**	e-**ōrum**
Dat.	e-**īs** / i-**īs**	e-**īs** / i-**īs**	e-**īs** / i-**īs**
Akk.	e-**ōs**	e-**ās**	e-**a**
Abl.	e-**īs** / i-**īs**	e-**īs** / i-**īs**	e-**īs** / i-**īs**

Übung – Und schon bist du dran!

lernen!

Setze vor die folgenden Substantive passende Formen von is, ea, id. Achte auf die KNG-Kongruenz!

eum patrem	eis templis	eam puellam
eius regis	eas vias	eo servo
cum eo puero	ea dona	eos muros
earum amicarum	ea vox	id templum

9/12

② is, ea, id als Personalpronomen

Das Pronomen **is**, **ea**, **id** (**er**, **sie**, **es**) ist hier als Personalpronomen der 3. Person verwendet. In unserem Beispiel steht eos stellvertretend für muros:

Romulus **eos** (muros) aedificavit. Romulus hat **sie** (die Mauern) errichtet.

Übung – Jetzt bist du dran!

Das „Chamäleon“ is, ea, id lernst du kennen, wenn du den folgenden Text über die **„Mauern Roms“ (Teil I)** in dein Heft übersetzt! Wähle aus den Bedeutungsmöglichkeiten eine passende Übersetzung für das jeweilige Pronomen!

Aliquando Faustulus pastor duos pueros parvos in ripa fluvii invenit et cum iis domum properavit. Eos geminos (Zwillinge) Romulum et Remum nominavit et magna cum cura educavit.

③ is, ea, id als Possessivpronomen

eius und **eorum/earum** (also Gen. Sing. und Pl. des Pronomens is, ea, id) dienen zur Angabe eines Besitzverhältnisses für eine dritte Person (possidere: besitzen). Diese Besitzangabe bezieht sich im Lateinischen immer auf jemanden (etwas), der (das) nicht Subjekt des Satzes ist (= nicht-reflexiv!).

z.B.: Marcus visitat amicum **eius**.	Markus besucht seinen Freund. (nicht-reflexiv; M. besucht also nicht seinen eigenen Freund.)

Ist der Besitzer auch das Subjekt des Satzes, verwendet man **suus**, **-a**, **-um**:

z.B.: Marcus visitat amicum **suum**.	Markus besucht seinen eigenen Freund. (reflexiv)

Übung – Jetzt bist du dran!

1. **Setze das passende Possessivpronomen der 3. Person ein.**
   eius/eorum/earum oder suus, sua, suum.

1. Spurius Claram Rufumque quaerit,
   tum risum ________ audit. ← (Clara und Rufus lachen.)
2. Rufus librum ________ quaerit. ← (Das Buch gehört Rufus.)

3. Clara librum ______ invenit. ← (Das Buch gehört Rufus.)

4. Spurius cum Clara et

   amicis ______ ludit. ← (Es sind Claras Freundinnen.)

5. Clara et amicae gaudent.

   Magister ______ eas laudavit. ← (Es ist der Lehrer der Freundinnen.)

6. Rufus avum ______ visitat. ← (Es ist der Großvater von Rufus.)

   Forte ______ amicus adest,

   qui (der) poeta clarus est. ← (Es ist der Freund des Großvaters.)

7. Liberi servos audiunt. ______

   pedes machinam movent. ← (Es sind die Füße der Sklaven.)

2. Die Mauern Roms (Teil II)

Du erfährst das tragische Ende der Geschichte von Romulus und Remus, wenn du den Text in dein Heft übersetzt. Wähle aus den Bedeutungsmöglichkeiten eine passende Übersetzung für das jeweilige Pronomen!

Postea Romulus et Remus fratres oppidum novum condiderunt.
Id oppidum autem Romulus muris parvis circumdabat et eos sanctos nominavit.
Tum Remus eum derisit et muros parvos transiluit.
Romulus magna cum ira ei respondit: „Muri Romae sancti sunt!"
Itaque Romulus eum necavit.

Auf einen Blick: is, ea, id

1. Die Formen des Pronomens is, ea, id werden im Plural und fast allen Singularkasus wie die a-/o-Deklination gebildet;
   Ausnahme: Gen. Sing.: **-ius** und Dat. Sing.: **-ī**.

2. Das Pronomen is, ea, id kann in mehreren Bedeutungen verwendet werden:
   a) als **Demonstrativpronomen** (dieser, diese, dieses),
   b) als **Personalpronomen** der 3. Person (er, sie, es),
   c) als **Possessivpronomen** der 3. Person (sein, ihr), wenn der Besitzer nicht das Subjekt des Satzes ist.

Übungen zu is, ea, id

1. Verbinde die Pronomina mit den passenden Substantiven.

is eius iis ea eorum ei eo

regibus bestia puellae servo patre campus magistrorum

2. Bilde passende Formen von is, ea, id und setze sie ein.

1. Clara amica Rufi est. Hodie (Rufum) ______ visitat.
2. Pater (Rufi) ______ magister est.
3. Itaque Clara libenter (cum patre) ______ de schola disputat.
4. (Pater) ______ de Romulo et Remo (Rufo Claraeque) ______ narrat.
5. ______ fabula Clarae non placet, nam ______ finis crudelis est.

3. „Blas' dich nicht so auf …"
Die Fabel vom Frosch und dem Ochsen (frei nach Phaedrus)
Übersetze die Fabel und bestimme die Bedeutung aller Formen von is, ea, id im Übersetzungstext!

1. In stagno parvo rana habitabat. Aliquando ea rana bovem magnum conspexit.
2. Statim pellem suam rugosam inflavit, nam magnitudini eius valde in-videbat.
3. Tum amicos suos vocavit: „Videte, certe iam tam magna sum quam is bos!"
4. Ii negaverunt et eam deriserunt.
5. Sed ea rana parva bovem magnitudine superare volebat, itaque se inflare perrexit … et tandem dissiluit.

Der Ordnung zuliebe ...

Du hast jetzt gelernt, dass das Pronomen is, ea, id stellvertretend für die **3. Person** des Personal- und des Possessivpronomens steht.
Natürlich gibt es auch für die 1. und 2. Person Personal- und Possessivpronomina. In folgender Übersicht findest du die fehlenden Personen auf einen Blick:

er, sie, es ... und ich? – Die Personalpronomina!

PERSONAL PRONOMINA

	1. Pers. Sing.		2. Pers. Sing.		1. Pers. Pl.		2. Pers. Pl.	
Nom.	**ego**	ich	**tū**	du	**nōs**	wir	**vōs**	ihr
Gen.	**meī**	unser	**tuī**	deiner	**nostrī**	unser	**vestrī**	euer
					nostrum	von uns	**vestrum**	von euch
Dat.	**mihi**	mir	**tibi**	dir	**nōbīs**	uns	**vobīs**	euch
Akk.	**mē**	mich	**tē**	dich	**nōs**	uns	**vōs**	euch
Abl.	**mē**	mit mir	**tē**	mit dir	**nōbīs**	mit uns	**vōbīs**	mit euch
	mēcum		tēcum		nōbīscum		vōbīscum	

sein, ihr ... und mein? – Die Possessivpronomina!

POSSESSIV PRONOMINA

Singular				Plural			
meus	**mea**	**meum**	mein	**noster**	**nostra**	**nostrum**	unser
tuus	**tua**	**tuum**	dein	**vester**	**vestra**	**vestrum**	euer
suus	**sua**	**suum**	sein, ihr	**suus**	**sua**	**suum**	ihr
eius	**eius**	**eius**	sein, ihr	**eōrum**	**eārum**	**eōrum**	ihr

lernen!

So wird es sein!

Das Futur I

Rigorosus und Clara berichten den römischen Freunden vom Leben in der Zukunft:

Rigorosus:	Omnia vobis narra**bo**.	Ich werde euch alles erzählen.
	Etiam temporibus futuris homines ludos valde ama**bu**nt.	Auch in der Zukunft werden die Menschen die Spiele sehr lieben.
Clara:	Audite et vide**bi**tis res futuras.	Hört und ihr werdet die Zukunft sehen.

Signale für das Futur I

Was aus der Sicht des Sprechers in der Zukunft eintreten oder fortdauern wird, steht im Lateinischen im **Futur**. Das Erkennungszeichen für das Futur bei Verben der a- und e-Konjugation ist:

-b- (1. Pers. Sing.), z. B. narra-**b**-o,

-bu- (3. Pers. Pl.), z. B. ama-**bu**-nt

-bi- (in allen anderen Personen), z. B. vide-**bi**-tis.

Übung – Jetzt bist du dran!

1. Beschrifte die Futur-Amphore von laudare.

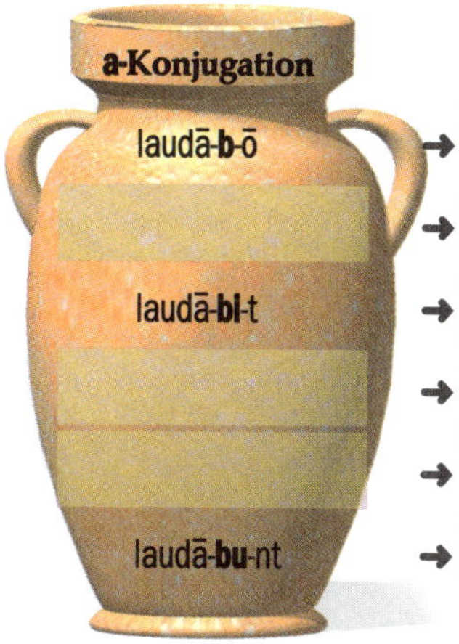

1. Pers. Sing. → ich werde loben
2. Pers. Sing. →
3. Pers. Sing. →
1. Pers. Pl. →
2. Pers. Pl. →
3. Pers. Pl. →

Achtung! Hast du die deutschen Futurformen richtig gebildet?

laudabis → du + wirst + loben

Pronomen	Hilfsverb	Infinitiv Präsens
du	wirst	loben

2. Übersetze.

1. amabis
2. ridebunt
3. spectabimus
4. habebitis
5. dabit
6. monebo

3. Übersetze Rigorosus' Bericht in dein Heft.

Rigorosus narrat: Gladiatores non armis, sed pilis certabunt.
Homines non solum equos, sed etiam vehicula celeria spectabunt.
Victor ingentem copiam argenti habebit.

Clara erzählt weiter über das Leben in der Zukunft:

Homines multas res utiles invenie**n**t!	Die Menschen werden viele nützliche Dinge erfinden!
Machinae labores duros perficie**n**t.	Maschinen werden harte Arbeiten ausführen.
Tempus fugit, itaque nunc fini**a**m.	Die Zeit verfliegt, deshalb werde ich jetzt aufhören.

... noch mehr Signale für das Futur I

Bei Verben der ī-Konjugation, der Kurz-i-Konjugation und der Konsonantischen Konjugation ist das Tempuskennzeichen für das Futur **-e-** (z.B. viv-**e**-t).
Die 1. Pers. Sing. wird aber auf **-a-** gebildet (z.B. fini-**a**-m).

Übung – Jetzt bist du wieder dran!

1. Fülle die Futur-Amphoren.

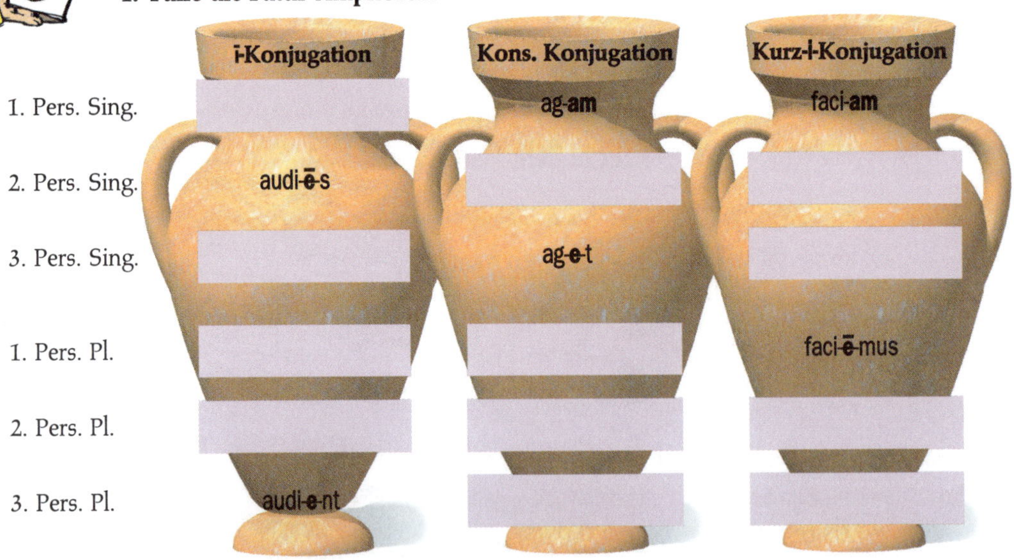

Das Futur von esse und posse

Auch esse und posse bilden das Futur. Um das Futur von posse zu bekommen, hängst du einfach die Futurformen von esse an den Wortstamm pot-. Fülle die Lücken in der esse- und der posse-Amphore.

	esse	
1. Pers. Sing.	**er**-ō	ich werde sein
2. Pers. Sing.	**eri**-	du wirst sein
3. Pers. Sing.	**eri**-t	er (sie, es) wird sein
1. Pers. Pl.	**eri**-	wir werden sein
2. Pers. Pl.	**eri**-	ihr werdet sein
3. Pers. Pl.	**er**-u-nt	sie werden sein

	posse	
1. Pers. Sing.	pot-**er**-ō	ich werde können
2. Pers. Sing.		
3. Pers. Sing.		
1. Pers. Pl.		
2. Pers. Pl.	pot-**eri**-tis	ihr werdet können
3. Pers. Pl.		

Auf einen Blick: das Futur I

1. Das Futur I wird für Handlungen verwendet, die in der **Zukunft** eintreten oder fortdauern werden.
2. Tempuszeichen sind:
   - in der a- und e-Konjugation: **-b-** (1. Pers. Sing.), **-bu-** (3. Pers. Pl.) und **-bi-** (alle anderen Personen)
   - in der ī-, Kurz-i- und Konsonantischen Konjugation: **-e-** (Ausnahme: Die 1. Pers. Sing. geht auf **-am**).
3. Die Personalendungen entsprechen denen des Präsens.

Übungen zum Futur I

1. Setze ins Futur und übersetze.

1. adiuvo	adiuvabo	ich werde helfen
2. timent		
3. audimus		
4. possunt		
5. petis		
6. cupit		
7. possidetis		
8. est		
9. promittimus		

2. Finde jeweils den Irrläufer und begründe!

1. augebitis – ambulabunt – audebat – vetabo
2. ero – eras – erunt – eritis
3. capiunt – dicam – trademus – accipies

3. Lass dich überraschen!

Claudius plant für Clara einen original römischen Tag. Er erzählt ihr, was sie morgen alles erleben wird. Unterstreiche alle Futurformen, bestimme und übersetze sie. Übersetze dann den gesamten Text in dein Heft.

Optimum diem mecum vives. Primo in hortis ambulabimus. Neque cibis carebimus neque musica deerit. Servi nobis cenam praeclaram parabunt. Etiam leones et gladiatores in amphitheatro spectare poteris. Postea in thermis otiosi erimus. Carmina Catulli tecum legam. Etiam templa deorum tibi patebunt. Vespere in villa rustica dormiemus. Et Rigorosum amicum et Iuliam amicam ibi invenies. Certe hunc diem valde laudabis. Numquam domum redire cupies!

4. Futur kreuz und quer!

Clara hat Claudius den Kopf verdreht! Wenn du das folgende Rätselgitter löst, erhältst du den Namen einer Frau, die das bei mindestens zwei berühmten Römern geschafft hat. Du musst nur die angegebenen Infinitive in die passende Futurform bringen.

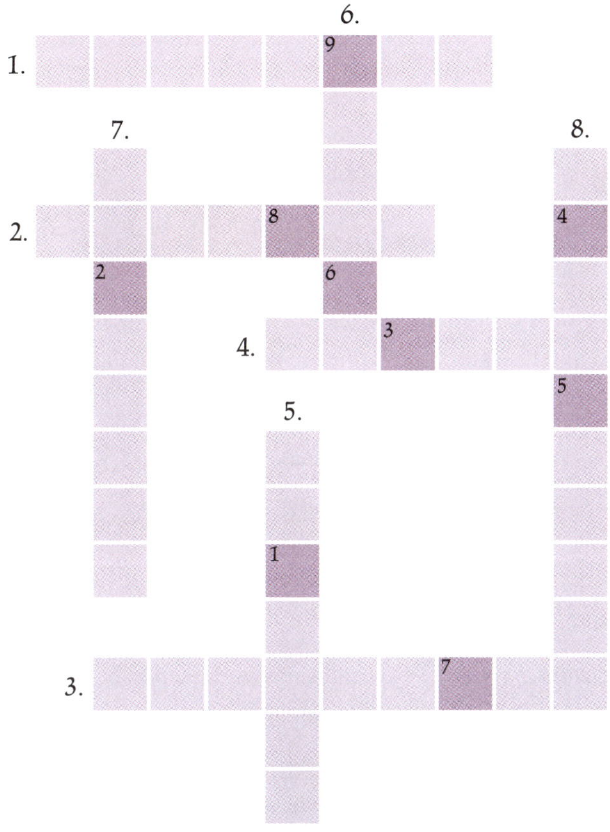

Lösungswort:

waagerecht:

1. iudicare (1. Pers. Sing.)
2. posse (3. Pers. Sing.)
3. dormire (2. Pers. Pl.)
4. emere (1. Pers. Pl.)

senkrecht:

5. dicere (1. Pers. Pl.)
6. audire (1. Pers. Sing.)
7. dolere (3. Pers. Pl.)
8. conspicere (2. Pers. Sing.)

So wird es gewesen sein!

Das Futur II

Claudius und Clara sind traurig … denn die Stunde des Abschieds naht:

Claudius:	Cum nos reliqu**eritis**, tristes erimus.	Wenn ihr uns **verlassen habt**, werden wir traurig sein.
Clara:	Si deos implora**veris**. fortasse diutius manebimus.	Wenn du die Götter **anflehst**, werden wir vielleicht länger bleiben..

Der Römer nimmt es mit den Zeiten besonders genau. Das Futur II beschreibt einen Vorgang, der in der Zukunft abgeschlossen sein wird, bevor ein anderes zukünftiges Geschehen eintritt:

Gegenwart	**Zukunft**	**weitere Zukunft**
↑	↑	↑
Claudius dicit:	„Cum nos reliqu**eritis**,	tristes erimus.“
(Präsens)	(**Futur II**)	(Futur I)

Im Deutschen übersetzt du das Futur II meistens mit **Präsens** oder **Perfekt**.

Signale für das Futur II

Du bildest das Futur II, indem du an den Perfektstamm das Tempuszeichen **-eri-** (1. Pers. Sing. **-er-**) und dann die bekannten Personalendungen anhängst.

Übung – Jetzt bist du dran!

1. Schau dir die folgende Tabelle an und fülle die Lücken.

1. Pers. Sing.	vocav-ero		
2. Pers. Sing.		tacu-eris	
3. Pers. Sing.			
1. Pers. Pl.			
2. Pers. Pl.	vocav-eritis		
3. Pers. Pl.			dix-erint

2. Scheiden tut weh!

Claudius ist fest davon überzeugt, Clara eines Tages wiederzusehen. Er lässt seine Gedanken in diese glückliche Zukunft schweifen. Unterstreiche alle Futur I-Formen rot, die Futur II-Formen blau. Übersetze dann die Sätze in dein Heft!

1. Si iterum veneris, beatissimus ero tibique multa dona donabo.
2. Si dei preces meas audiverint, te mihi reddent.
3. Si Romam relinquere potuero, te statim visitabo.
4. Cum domum meam intraveris, te quasi reginam habebo.

Auf einen Blick: das Futur II

1. Signale für das Futur II: Perfektstamm + **er(i)** + Personalendung
2. Das Futur II beschreibt einen Vorgang, der **in der Zukunft abgeschlossen** sein wird, bevor ein anderes zukünftiges Geschehen eintritt.
3. Das Futur II kommt vor allem in **si-Sätzen** und **temporalen Gliedsätzen** (mit cum) vor.
4. Im Deutschen übersetzt du das Futur II meistens mit **Präsens** oder **Perfekt**.

Sie wird gelobt ...

Das Passiv

Omnes Claram laudant.	Alle loben Clara.
Clara ab omnibus lauda**tur**.	Clara wird von allen gelobt.

Eine Handlung kann so dargestellt werden, dass die Person oder Sache, die das Subjekt ist,

1. die Handlung vollzieht bzw. etwas bewirkt. ➜ **Alle** loben Clara. (Aktiv)
2. von der Handlung betroffen wird. ➜ **Clara** wird gelobt. (Passiv!)

Übung – Jetzt bist du schon dran!

Das Präsens Passiv setzt sich zusammen aus dem **Präsensstamm** und den **Personalendungen** im Passiv. Ergänze die fehlenden Formen!

	a-Konjugation	
1. Pers. Sing.	laud – **or**	ich werde gelobt
2. Pers. Sing.	laudā – **ris**	du wirst gelobt
3. Pers. Sing.	laudā – **tur**	er, sie, es
1. Pers. Pl.	laudā – **mur**	wir
2. Pers. Pl.	laudā – **minī**	ihr
3. Pers. Pl.	lauda – **ntur**	sie
Infinitiv	laudā – **rī**	gelobt werden

ī-Konjugation		Kurz-i-Konjugation
audī – **or**	1. Pers. Sing.	capi – **or**
audī –	2. Pers. Sing.	cap – **e** – **ris**
audī –	3. Pers. Sing.	capi –
audī –	1. Pers. Pl.	capi –
audī –	2. Pers. Pl.	capi –
audi – **u** –	3. Pers. Pl.	capi – **u** –
audī – **rī**	Infinitiv	cap – **ī**

Die **Infinitivendung** des Präsens Passiv ist:
- in der a, e- und ī-Konjugation: **-rī**.
- in der Kurz-i- und der Kons. Konjugation: **-ī**.

Übung – Jetzt bist du dran!

Der Zauberstab verwandelt die Verben vom Aktiv ins Passiv und umgekehrt. Hilf ihm dabei und übersetze die entstandene Form in dein Heft!

tegimus	tegimur
terreris	
dant	

Übersetzung des Passivs

Es gibt verschiedene Möglichkeiten, das Passiv zu übersetzen. Berücksichtige dabei den jeweiligen Sinnzusammenhang. So kann

„Rufus terretur" übersetzt werden mit:
- ✔ Rufus **wird** erschreckt.
- ✔ Rufus erschreckt **sich** (erschrickt).
- ✔ **Man** erschreckt Rufus.

Jetzt du: suche eine angemessene Übersetzung!

1. Clara exspectatur. ➜

2. Amici valde delectantur. ➜

3. Clamor eorum auditur. ➜

Beim Passiv wird der **Vorgang** bzw. der (die, das) **Betroffene** einer Handlung hervorgehoben. Wird der **Urheber** der Handlung genannt – was nicht immer der Fall sein muss –, steht er im **Ablativ mit Präposition** (bei Personen) oder im **Ablativ ohne Präposition** (bei Mitteln oder „Werkzeugen"), z. B.:

Rufus **ab amicis** excitatur.	Rufus wird **von den Freunden** geweckt. (Urheber: Person)
Rufus **vocibus** excitatur.	Rufus wird **von Stimmen** geweckt. (Urheber: Werkzeug)

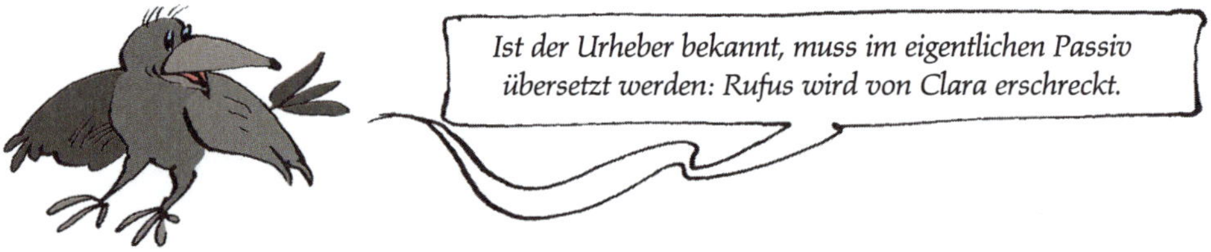

Der Passiv-Transformator

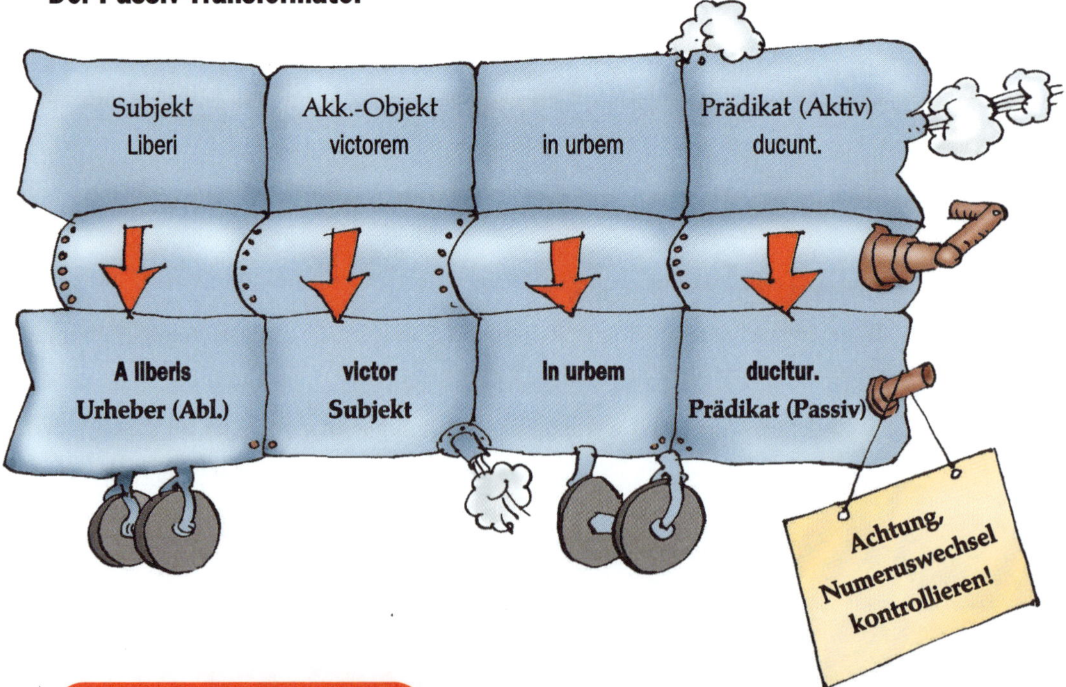

Dieses Gerät verwandelt aktivische Vorgänge in passivische, indem es nur drei Satzglieder verändert. Die Umwandlung ins Passiv funktioniert so:

Aktivischer Satz		**Passivischer Satz**
Prädikat im Aktiv	*wird zu* →	**Prädikat im Passiv**
Akkusativobjekt	*wird zu* →	**Subjekt**
Subjekt	*wird zu* →	**Urheber im Ablativ**

Achtung: Sonstige Satzglieder bleiben unangetastet! Denke daran, dass sich der Numerus des Prädikats ändern kann (siehe das Beispiel in der Maschine)!

Übung – Jetzt bist du dran!

Wirf folgenden Satz in den Transformator:
Clara hodie multos amicos invitat.

	Aktiv		**Passiv**	
Prädikat:		→		(Prädikat im Passiv)
Akk.-Objekt:		→		(Subjekt im Passiv-Satz)
Subjekt:		→		(Urheber im Ablativ)

Achtung: Numeruswechsel kontrollieren!
Notiere hier den vollständigen Satz im Passiv:

Auf einen Blick: das Passiv

1. Das Passiv drückt eine **Handlung** aus, von der das grammatische Subjekt des Satzes **betroffen wird**.
2. Der **Urheber** oder Auslöser der Handlung steht, sofern genannt, im **Ablativ** (mit/ohne Präposition).
3. Ist der Urheber nicht genannt, kann das Passiv – je nach Kontext – auf verschiedene Weise übersetzt werden.

Unter uns gesagt ...

... die Bildung des Präsens Passiv und des Futurs im Deutschen verwirrt dich? Im Deutschen wird nämlich für das Passiv das gleiche Hilfsverb benutzt wie für das Futur I Aktiv: „werden". Ich verrate dir einen Trick zur Unterscheidung:

Präsens Passiv ➜	(er) wird konjugierte Form von *werden*	ge-lieb-t **Partizip** Perfekt Passiv
Futur I Aktiv ➜	(er) wird konjugierte Form von *werden*	lieben **Infinitiv**

„Der Anfang ist gleich! Zum Ende dann schnell schleich'!
Das **F**utur rief – den In**F**initiv. **P**räsens **P**assiv liebt – das **P**artizi**P**!"

Das Passiv in den übrigen Tempora

Das Passiv kann wie das Aktiv in allen Tempora erscheinen, z. B. auch im Imperfekt: „Ihr wurdet gefragt."
Und jetzt eine gute Nachricht: Im Lateinischen hängst du für die **Passivformen des Imperfekts** einfach die schon bekannten Passiv-Personalendungen an das Tempuskennzeichen **-ba-**/**-eba-**. Das sieht dann so aus:

Imperfekt Passiv

amā-ba-r	ich wurde geliebt
amā-bā-ris	du wurdest geliebt
amā-bā-tur ... usw.	er, sie, es wurde geliebt

Du bist gleich dran:
Konjugiere monere und ducere in lateinischer und deutscher Sprache vollständig in dein Heft!

Trimm-dich-fit: Die Passivschaukel

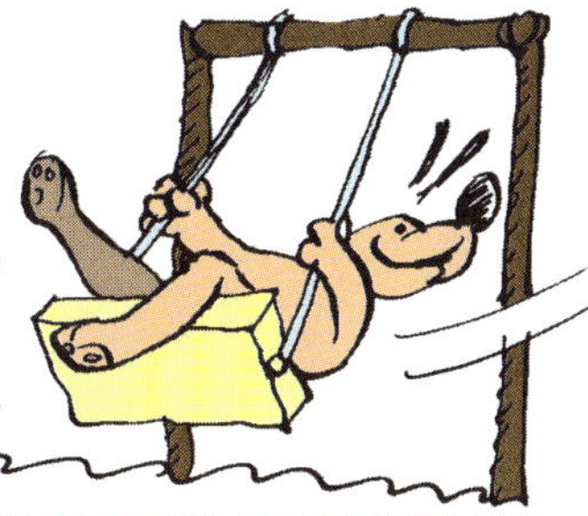

Schaukle vom Präsens zum Imperfekt und wieder zurück und gehe dabei durch alle Personen!
z. B.: videre: vide**or** – vide*ba***ris** – vide**tur** – vide*ba***mur** – vide**mini** – vide*ba***ntur**

1. exspectare: exspector – exspectabaris

2. fallere: fallebar –

3. vincire: vincior –

4. capere: capiebar –

... und weil du das Imperfekt Passiv verstanden hat, kannst du auch das **Futur I** im Passiv bilden!

Denke daran, dass es zwei Arten der Futurbildung gibt:
- Tempuskennzeichen **-b-** in der **a-** und **e-Konjugation**
- Tempuskennzeichen **-e-** (bzw. -a- in der 1. Person) **bei allen anderen Konjugationen**.

Futur I Passiv – Du bist dran!

amā-**bo**-r ich werde geliebt werden	audi-**a**-r ich werde gehört werden	fall-**a**-r ich werde getäuscht werden
amā-**b*e***-ris du wirst geliebt werden	audi-**ē**-ris	
amā-**b*i***-tur er, sie es wird geliebt werden	audi-**ē**-	
amā-**b*i***-mur wir werden geliebt werden	audi-**ē**-	fall-**ē**-mur

amā-**b***i*-minī ihr werdet geliebt werden	audi-**ē**-	
amā-**b***u*-ntur sie werden geliebt werden	audi-**e**-	

Jonglieren leicht gemacht

Spurius möchte ein großer Jongleur werden. Sein neuester Trick: Ganz nebenbei wirft er alle Bälle einer Sorte in einen Korb. Heute sollen es nur die Bälle des Futur Passiv sein. Hilf ihm, damit kein anderer Ball im Futur-Korb landet!

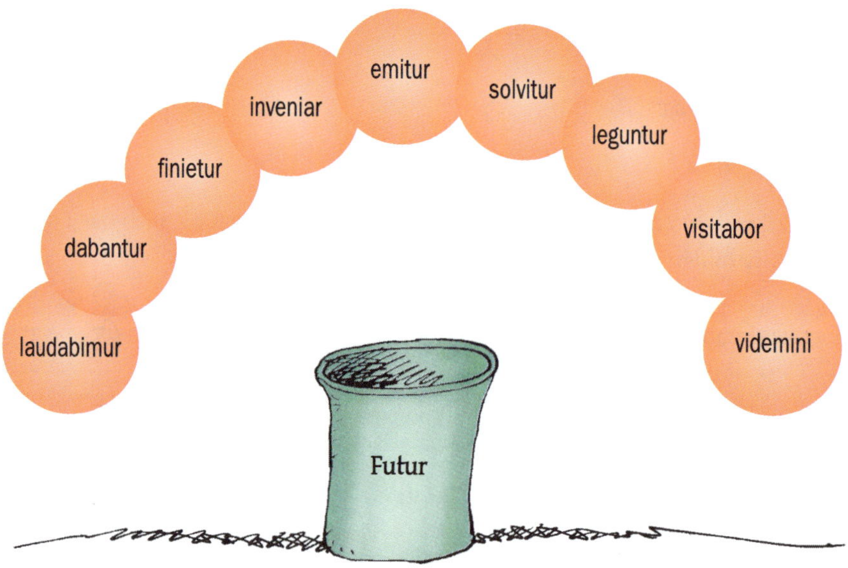

Auf einen Blick: das Passiv im Präsens, Imperfekt und Futur

1. Die **Endungen** des Passivs lauten im Präsens, Imperfekt und Futur gleich: -or, -ris, -tur, -mur, -minī, -ntur.
2. Beim **Imperfekt** wird das Tempuskennzeichen **-ba-** vorangestellt: -ba-r, -bā-ris, -bā-tur, -bā-mur, -bā-minī, -ba-ntur.
3. Beim **Futur** wird das jeweilige Tempuskennzeichen (**-b-** oder **-a-** / **-e-**) vorangestellt:
   -bo-r, -b*e*-ris, -b*i*-tur, -b*i*-mur, -b*i*-minī, -b*u*-ntur
   bzw. -a-r, -ē-ris, -ē-tur, -ē-mur, -ē-minī, -e-ntur

Übungen zum Präsens, Imperfekt und Futur Passiv

1. Seltsame Töne …

Wenn du alle geforderten Formen gebildet und in das Rätsel eingetragen hast, erfährst du, wer da so schaurig-schön „singt“!

legere, quaerere, capere, movere, conservare

1. es wird gelesen werden
2. du wurdest gesucht
3. ich werde gefangen
4. sie werden bewegt werden
5. ihr werdet gerettet werden

Lösung: ______________ ad lunam!

2. Hier ist deine Hilfe gefragt!

Die Wörter wurden verschüttet. Hilf schnell beim Sortieren!

monebaris fallemini vocor relinquimur capiebar videbimini ducentur laudabitur regebamur timeberis rogaris vincar rogabantur relinquebaris fallebatur exspectabamini videtur donantur vocabimur

3. Transformator kaputt?!

Wandle die folgenden Sätze ins Passiv um und übersetze sie dann in dein Heft.

1. Amici Claram visitant.

   Clara

2. Nam diem festum agunt.

   Nam dies festus

3. Clara: „Clamorem audio!"

   Clamor a Clara

4. Omnes amici victoriam Clarae celebrant.

5. Itaque magnam scriblitam (scriblita, ae *f.*: Torte) in hortum portant.

6. Tum scriblitam edunt (edere: essen) et lac (lac, lactis *n.*: Milch) bibunt.

7. Paulo post magna voce carmina laeta canunt.

4. Blinde Passagiere gesucht

Im Passiv-Schiff hat sich auf jedem Tempus-Deck ein blinder Passagier versteckt. Kannst du alle finden? Und für besonders Fleißige: Bestimme alle Verbformen!

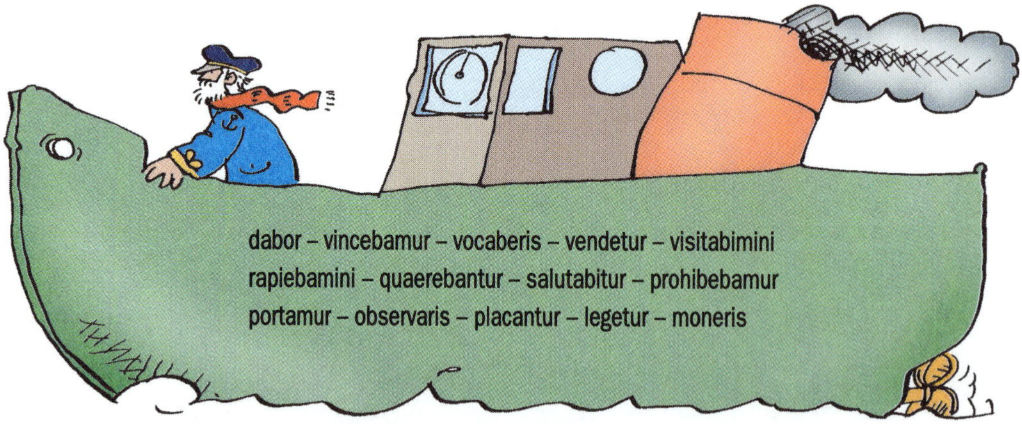

Die Tempora des Perfektstamms im Passiv

1. Perfekt Passiv

Das Perfekt Passiv besteht aus zwei Wörtern: dem Partizip Perfekt Passiv (PPP)[1] und den Präsensformen von esse:

	m.	f.	n.
ich bin gelobt worden / ich wurde gelobt / ich bin gelobt	laudāt**us** sum	laudāt**a** sum	—
du bist gelobt worden	laudāt**us** es	laudāt**a** es	—
	laudāt**us** est er ist gelobt worden	laudāt**a** est sie ist gelobt worden	laudāt**um** est es ist gelobt worden
wir sind gelobt worden	laudāt**ī** sumus	laudat**ae** sumus	—
ihr seid gelobt worden	laudāt**ī** estis	laudāt**ae** estis	—
sie sind gelobt worden	laudāt**ī** sunt	laudāt**ae** sunt	laudāt**a** sunt

Du hast schon gemerkt, dass das Partizip Perfekt Passiv im Lateinischen Kasus, Numerus und Genus des entsprechenden Subjekts übernimmt, also

Puer**i** vocat**i** sunt. ➜ Die Jungen wurden gerufen / sind gerufen worden.
Puell**ae** vocat**ae** sunt. ➜ Die Mädchen wurden gerufen / sind gerufen worden.

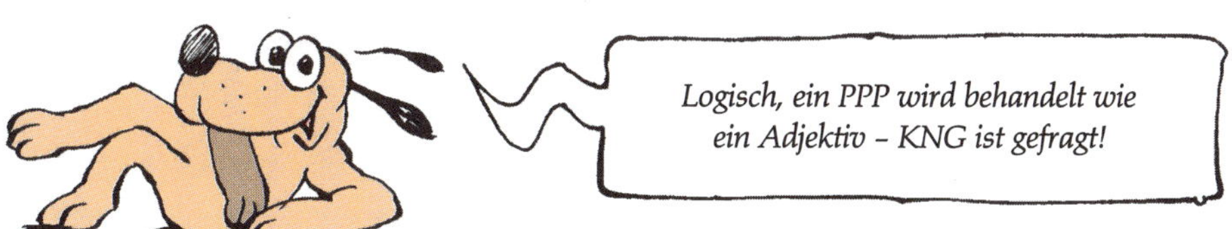

[1] Es wird auch *Partizip der Vorzeitigkeit* oder *Supinstamm* genannt.

2. Plusquamperfekt Passiv

Das Plusquamperfekt Passiv wird ebenfalls mit dem Partizip Perfekt gebildet. Die Formen von esse werden dabei einfach ins Imperfekt gesetzt – und das kannst du selbst!

	m.	f.	n.
ich war gelobt worden	laudā**tus** eram	laudā**ta**	—
du warst gelobt worden	laudā**tus**	laudā**ta**	—
	laudā**tus**	laudā**ta**	laudā**tum** erat
	er war gelobt worden	sie war gelobt worden	es war gelobt worden
wir waren gelobt worden	laudā**tī**	laudā**tae** erāmus	—
ihr wart gelobt worden	laudā**tī** erātis	laudā**tae**	—
sie waren gelobt worden	laudā**tī** erant	laudā**tae**	laudā**ta**

Spurius, der Rasante

Ergänze die durch die Flecken unleserlichen Formen! Das Genus kannst du der Abkürzung hinter der jeweiligen Form entnehmen. Übersetze die Formen dann in dein Heft.

1. interrogat estis *(m.)*
2. laudat eramus *(f.)*
3. capt es *(f.)*
4. relict erant *(m.)*
5. vis sum *(f.)*
6. vocat sumus *(m.)*
7. amat sunt *(f.)*
8. celebrat est *(n.)*
9. audit erat *(n.)*

3. Futur II Passiv

Jetzt musst du kaum noch lernen: für das Futur II Passiv werden einfach die Futurformen von esse hinter das Partizip Perfekt gestellt:

	m.	f.	n.
ich werde gelobt worden sein	laudāt**us** erō	laudāt**a**	—
du wirst gelobt worden sein	laudāt**us**	laudāt**a** eris	—
	laudāt**us**	laudāt**a**	laudāt**um** erit
	er war gelobt worden	sie war gelobt worden	es war gelobt worden
wir werden gelobt worden sein	laudāt**ī**	laudāt**ae** erimus	—
ihr werdet gelobt worden sein	laudāt**ī** eritis	laudāt**ae**	—
sie werden gelobt worden sein	laudāt**ī** erunt	laudāt**ae**	laudāt**a**

Auf einen Blick: Perfekt, Plusquamperfekt und Futur II Passiv

1. Wie im Deutschen handelt es sich im Lateinischen beim Perfekt, Plusquamperfekt und Futur II Passiv um **zusammengesetzte Tempora**.
2. Die lateinischen Formen werden gebildet aus dem Partizip Perfekt und einer Form von **esse**:
   Clara laudata est. (Perfekt)
   Clara laudata erat. (Plusquamperfekt)
   Clara laudata erit. (Futur II)
3. Die Partizipialform passt sich in Kasus, Numerus und Genus dem Subjekt an.
4. Der **Infinitiv Perfekt Passiv** wird durch das **Partizip Perfekt + esse** gebildet, z. B. laudatum esse, auditum esse.

Übungen zum Perfekt, Plusquamperfekt und Futur II Passiv

1. Formen fischen

Rufus fischt alle Formen heraus, die Perfekt Passiv sind. Quintus dagegen wirft alle Fische wieder hinein, die nicht Imperfekt Passiv sind. Maria spezialisiert sich auf die Präsens-Passiv-Fische. Clara hat kein großes Anglerinnenglück: ein Plusquamperfekt-Fisch kommt aber doch in ihren Eimer! Wie viele Fische fangen die anderen drei?

2. So ein Schlingel!

Forme die Passivformen des Futur II ins Präsens um. Behalte dabei die jeweilige Person bei. Die senkrechten Kästchen ergeben das lateinische Wort für „also“, das sich als Passiv auszugeben versucht, aber „nur“ eine Konjunktion ist!

1. imperati eritis
2. interrogata ero
3. iactatus erit
4. invitatae erimus
5. illusus eris (von illudere)
6. importati erunt

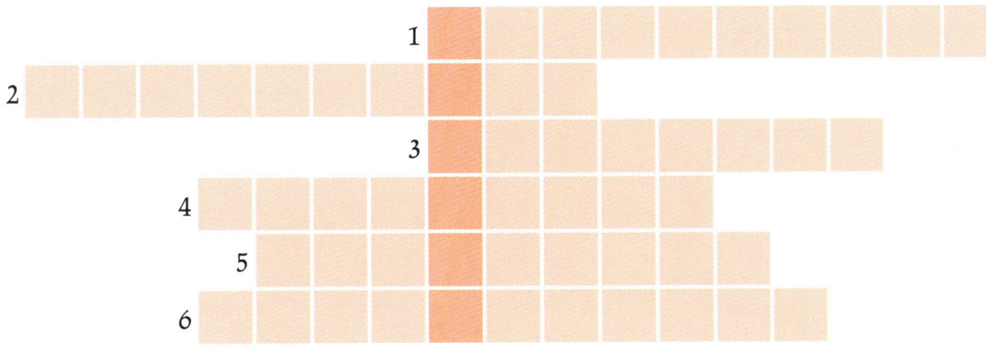

3. Mutabor

Erinnerst du dich an den Schlemihl-Trick von Seite 44? Den kannst du jetzt gut gebrauchen! Bilde die passenden Formen, dann erfährst du aus den umrandeten Kästchen, in was sich unser Schlemihl verwandeln wird!

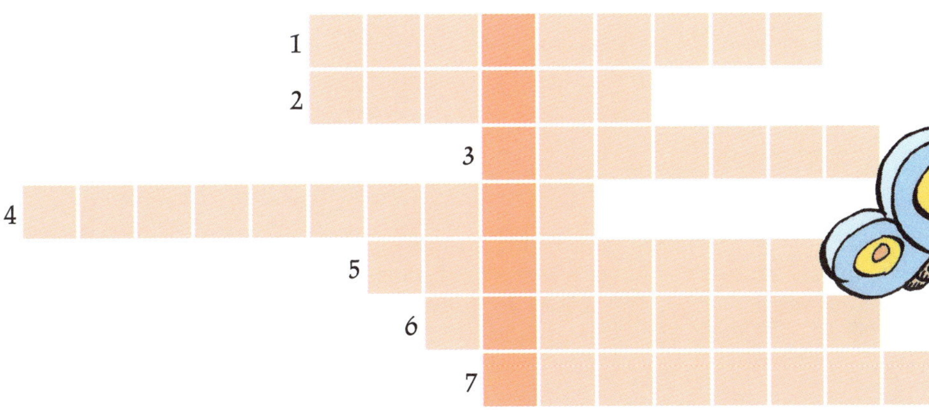

Waagerecht: 1. ich werde erwartet (exspectare) 2. ich werde fliegen (volare) 3. ich werde gefallen (placere) 4. du wirst erfreut (delectare) 5. etwas wird zerstört (delere) 6. ich werde befreien (liberare) 7. ich werde beobachtet (observare)

Senkrecht: Was werde ich sein?

Ich weiß, dass ich alles weiß!

Der AcI

Claudius: Ecce, video gladiatores intrare.
Linus: Gaudeo Claram et Iuliam adesse.

Hier begegnet dir der sogenannte AcI (**A**ccusativus **c**um **I**nfinitivo).
Einen AcI erkennst du an drei Komponenten, die in den oben stehenden Beispielsätzen farbig markiert sind:

1. ein einleitendes Verb, von dem die Konstruktion abhängt.
2. ein Akkusativ
3. ein Infinitiv.

Das einleitende Verb ist immer: ein Verb des ***Sagens*** *(z. B.* narrare, iubere, dicere*), des* ***Glaubens*** *(z. B.* putare, credere*), der* ***Wahrnehmung*** *(z. B.* videre, audire*) oder der* ***Gemütsbewegung*** *(z. B.* gaudere, dolere*).*

Weiterhin steht der AcI nach einigen ***unpersönlichen Ausdrücken*** *(z.B.* constat, apparet*).*

Spurius zeigt dir den sicheren Weg zur Übersetzung, z. B.: Video gladiatores intrare.

1. Suche das Verb, von dem der AcI abhängt, und übersetze es zusammen mit seinem Subjekt: Video – Ich sehe.
2. Trenne den AcI ab und unterstreiche Akkusativ und Infinitiv. Forme den AcI nun in einen „dass"-Satz um: Der Akkusativ wird Subjekt des „dass"-Satzes, der Infinitiv wird Prädikat des „dass"-Satzes.

lat. Satz:	Einleitendes Verb	Akkusativ	Infinitiv
	Video	gladiatores	intrare.
	↓	↓	↓
dt. Satz:	Einleitendes Verb	Subjekt des „dass"-Satzes	Prädikat des „dass"-Satzes
	Ich sehe, [dass] …	die Gladiatoren	eintreten.

3. Fällt dir etwas auf? Bei diesem Satz funktioniert sogar eine wörtliche Übersetzung, wie im Deutschen oder Englischen: „Ich sehe die Gladiatoren eintreten." (vgl. engl.: „I can see the gladiators enter.") In den meisten Fällen ist jedoch eine solche wörtliche Wiedergabe nicht möglich und du musst den AcI mit einem „dass"-Satz übersetzen.
4. Übung: Wende die Übersetzungstipps, die dir Spurius gegeben hat, gleich an und übersetze in dein Heft, was Linus sagt: Gaudeo Claram et Iuliam adesse.

Übung – Jetzt bist du dran!

1. AcI für Anfänger!

Unterstreiche einleitendes Verb, Akkusativ und Infinitiv wie oben farbig und übersetze dann in dein Heft.

1. Linus gladiatores pugnare videt.
2. Clara gaudet tot spectatores in Colosseo sedere.
3. Constat Romanos ludis gaudere.
4. Claudius populum clamare audit.

Übrigens: Selbstverständlich gilt im AcI **KNG-Kongruenz**! Es stehen also Attribute und auch das Prädikatsnomen im Akkusativ, z. B:

Constat fortitudinem gladiatorum magnam esse.
Es steht fest, dass die Tapferkeit der Gladiatoren groß ist. (magnam = Prädikatsnomen)

Claudius amicos laetos plaudere videt.
Claudius sieht, dass die fröhlichen Freunde applaudieren. (laetos = Attribut)

2. AcI für Fortgeschrittene – Unterstreiche und übersetze.
So, jetzt kannst du mit der Übung fortfahren. Vergiss nicht, nun auch die Attribute bzw. Prädikatsnomina farbig zu markieren.

1. Linus: „Puto gladiatores viros fortes esse."
2. Clara leones saevos homines timidos temptare videt.

Eine gute Nachricht! Spurius' Methode mit dem „dass"-Satz klappt auch bei einem Infinitiv Passiv, z. B.:

Clara homines timidos a leonibus saevis temptari videt.
Clara sieht, dass die ängstlichen Menschen von den wilden Löwen angegriffen werden.

3. AcI für Profis – Unterstreiche und übersetze.

1. Iulia leones saevos nonnullis Christianis parcere gaudet.
2. Nam Iulia scit Claram crudelitate ludorum non delectari.
3. Claudius gladios crepare audit.
4. Iulia amicum spectaculo valde moveri sentit.
5. Apparet Claudium et Iuliam gladiatoribus Germanis favere.

Zeitverhältnisse im AcI

Schau dir die folgenden Sätze an und achte besonders auf das Tempus des Infinitivs. Dieses gibt uns nämlich an, ob die Handlung des AcI zur gleichen Zeit wie die Handlung des übergeordneten Satzes abläuft (**Gleichzeitigkeit**) oder schon vorher stattgefunden hat (**Vorzeitigkeit**).

1. Der **Infinitiv Präsens** bezeichnet die **Gleichzeitigkeit**:

Apparet Linum ludos **amare**.	➜	Es ist klar, dass Linus die Spiele **liebt**.
Apparebat Linum ludos **amare**.	➜	Es war klar, dass Linus die Spiele **liebte**.

2. Der **Infinitiv Perfekt** bezeichnet die **Vorzeitigkeit**:

Apparet Claram tristem **fuisse**.	➜	Es ist klar, dass Clara traurig **gewesen ist**.
Apparebat Claram tristem **fuisse**.	➜	Es war klar, dass Clara traurig **gewesen war**.

3. Der **Infinitiv Präsens Passiv** bezeichnet die **Gleichzeitigkeit**:

Puellae homines **necari** dolent. ➜ Die Mädchen bedauern, dass Menschen **getötet werden**.

Puellae homines **necari** dolebant. ➜ Die Mädchen bedauerten, dass Menschen **getötet wurden**.

4. Der **Infinitiv Perfekt Passiv** bezeichnet die **Vorzeitigkeit**:

Puellae homines **necatos esse** dolent. ➜ Die Mädchen bedauern, dass Menschen **getötet worden sind**.

Puellae homines **necatos esse** dolebant. ➜ Die Mädchen bedauerten, dass Menschen **getötet worden waren**.

Übung – Jetzt bist du dran!

1. Ordnung muss sein.

Sortiere die folgenden Infinitive nach ihrem Tempus (Präsens oder Perfekt) und Genus verbi (Aktiv oder Passiv) in ihre Fächer.

custodiri – actum esse – monere – laudatum esse – custodire – moneri – laudavisse – agere – laudari – custodivisse – monitum esse – egisse

Aktiv		Passiv	
Präsens	**Perfekt**	**Präsens**	**Perfekt**
laudare			
	monuisse		
		agi	
			custoditum esse

2. Gefangen im Netz

Spurius, der „Gladiator", hat zwar seinen Gegner verfehlt, aber dafür einige interessante Infinitivformen erwischt. Kannst du sie sinnvoll in die folgenden Sätze einfügen? Übersetze dann in dein Heft.

necari – occisos esse – parata esse – habuisse

1. Constat multos servos aut captivos in arena ______.
2. Scriptores antiqui tradunt spectacula praeclara ab imperatoribus et magistratibus ______.
3. Scimus imperatorem potestatem vitae necisque ______.
4. Interdum turba gaudebat homines crudeliter a bestiis ______.

Die Pronomina im AcI

Die Jungen, Linus und Claudius, scheinen das blutige Spektakel zu genießen, die Mädchen aber, Clara und Julia, wenden sich schockiert ab:

Linus et Claudius valde gaudent, sed **puellae** magno dolore afficiuntur.

Die Mädchen glauben, dass **sie** (= **sie selbst**) milde sind. ↓ Puellae putant **se** clementes esse. ↓ Das **Reflexivpronomen** (**se**) steht, wenn der übergeordnete Satz und der AcI das **gleiche Subjekt** haben.	Die Mädchen glauben, dass sie (= *Linus und Claudius*) grausam sind. ↓ Puellae putant *eos* crudeles esse. ↓ Das *Demonstrativpronomen* (*is, ea, id*) steht, wenn das Subjekt des AcI von dem des übergeordneten Satzes *verschieden* ist.

Übung – Jetzt bist du dran!

Ergänze se oder eum.

Clara dolet ______ in amphitheatrum venisse. Clara ist betrübt, dass sie (= sie selbst) ins Amphitheater gegangen ist.

Clara dolet ______ vitam amisisse. Clara ist betrübt, dass er (= der Gladiator) sein Leben verloren hat.

Die Verwendung der Personalpronomina im AcI ist kein Problem:

Scio **me** nihil scire. Ich weiß, dass **ich** nichts weiß.

Das sagte der alte Sokrates, aber du kannst ihm jetzt das Gegenteil beweisen, denn nun weißt du alles über den AcI.

Übung – Jetzt bist du schon wieder dran!

Übersetze die folgenden Sätze und achte dabei besonders auf die Verwendung der fettgedruckten Pronomina.

1. Clara: „Scio **me** spectaculum saevum non amare."
2. Claudius: „Puto **vos** ludis valde delectari, sed sentio te tristem esse, Clara."
3. Iulia **se** celeritate equorum commoveri affirmat.
4. Iulia et Clara narrant **se** bestias necatas esse dolere.
5. Dolent **eas** necatas esse.
6. Gladiator vulneratus gaudet amicum **sibi** auxilio venire.
7. Gaudet **eum sibi** auxilio venire.
8. Imperator turbam dona **sua** amare intellegit.

Auf einen Blick: der AcI

1. Der AcI gibt eine abhängige Aussage wieder und steht **nach Verben** des **Sagens**, des **Glaubens**, der **Wahrnehmung**, der **Gemütsbewegung** sowie einigen **unpersönlichen Ausdrücken**.

2. Für die **Übersetzung** unternimmst du **3 Schritte**:
   - Übersetze den übergeordneten Satz.
   - Trenne den AcI ab und bestimme Akkusativ und Infinitiv.
   - Forme den AcI in einen „dass"-Satz um. Der Akkusativ wird zum Subjekt, der Infinitiv wird zum Prädikat des „dass"-Satzes.

3. Das Tempus des Infinitivs gibt an, ob die Handlung des AcI zur gleichen Zeit wie die Handlung des übergeordneten Satzes abläuft oder schon vorher stattgefunden hat. Der **Infinitiv Präsens** steht bei **Gleichzeitigkeit**, bei **Vorzeitigkeit** steht der **Infinitiv Perfekt**.

4. Das **Reflexivpronomen** (se, sibi ...) steht, wenn der übergeordnete Satz und der AcI das gleiche Subjekt haben. Sind die Subjekte verschieden, so steht das **Demonstrativpronomen** (is, ea, id).

Übungen zum AcI

1. Ohne Fleiß kein Preis!

Auch Gladiatoren und Sportler in der Antike mussten trainieren. Spurius hat diesmal die Aufgabe des Trainers (magister) übernommen. Er freut sich über die guten Leistungen seiner Schützlinge. Mache alle Sätze abhängig von Placet magistro … bzw. Placet Spurio … und übersetze dann.

1. Viri corpora exercent.

   Placet magistro viros corpora exercere.

2. Gladiatores dolores tolerant.

   Placet magistro ______________________.

3. Adversarii superantur.

   Placet Spurio ______________________.

4. Adversarius victus est.

   Placet magistro ______________________.

5. Cursor (= der Läufer) celer est.

   Placet Spurio ______________________.

6. Spectatores laeti domum discedunt.

   Placet magistro ______________________.

2. Das Schwert des Damokles!

Verbinde die beiden Hauptsätze, indem du den zweiten in einen AcI umwandelst. Übersetze dann die AcI-Sätze in dein Heft.

1. Spurius gaudet: Amici adsunt.

   → Spurius amicos adesse gaudet.

2. Apparet: Dionysius tyrannus saevus est.
3. Damocles putat: Vita Dionysii felicissima est.
4. Constat: Vita tyranni ab insidiis tuta non est.

5. Scimus: Damocles tyranno invidit.
6. Subito autem videt: Gladius capiti imminet.
7. Apparet: Damocles diutius ibi non mansit.

3. Spurius in die NBA!

Auch Spurius hat am Sport Gefallen gefunden. Versenke mit ihm die Infinitive in die richtigen Körbe. Es stehen vier Körbe mit Infinitiven zur Auswahl: Präsens Aktiv, Präsens Passiv, Perfekt Aktiv, Perfekt Passiv.

datum esse – didicisse – ridere – studuisse – doceri – dormire – auctum esse – conspici – inventum esse – intellegi – egere – mansisse – traditum esse – trahi – promisisse – redire

4. Hier ist Kombinationsvermögen gefragt.

Spurius hat mit seinem Schwert die Sätze zerteilt und hoffnungslos durcheinandergebracht. Verbinde jeden Hauptsatz der linken Spalte mit einem AcI der rechten Spalte und übersetze dann die Sätze in dein Heft.

1. Constat Liviam	a) necatum esse.
2. Omnes sciebant Britannicum veneno	b) stultum fuisse.
3. Nero contendebat urbem	c) uxorem callidam fuisse.
4. Scriptores antiqui tradunt Claudium	d) a multis hominibus laudari.
5. Quis dubitat Agrippinam	e) Romam a Christianis incensam esse.
6. Apparet Augustum hodie quoque	f) a Nerone filio crudeliter occisam esse?

5. Setze die passenden Pronomina ein.

1. Nero ______ artificem praeclarum esse putabat.
2. Sed intellegebat homines opera ______ non amare.
3. Dolebat populum ______ non favere.
4. Constat ______ Romam incendisse.
5. Dicebat autem ______ innocentem esse.

6. Gladiator

Wie interessant und aktuell die Zeit der Römer auch heute noch für uns ist, hat wieder einmal der erfolgreiche Hollywood-Streifen „Gladiator" gezeigt, der mit mehreren Oskars prämiert wurde. Hier ist exklusiv für dich noch einmal die Story auf Lateinisch, natürlich mit zahlreichen AcI-Wendungen. Unterstreiche jeweils das den AcI einleitende Verb (rot), den Akkusativ (blau) und den Infinitiv (grün) und übersetze dann in dein Heft.

I Constat Maximum ducem optimum Marci Aurelii imperatoris fuisse. Marcus Aurelius saepe gaudebat Maximum copias superavisse, fines imperii propagavisse neque umquam victum esse. Itaque censuit Maximum post mortem suam rem publicam restituere posse. Nam filium suum Commodum imperium regere posse non putabat.

II Commodus autem invidia et ira adductus, postquam patrem interfecit, Maximum comprehendi et occidi iussit.
Scimus Maximum occisum non esse, sed mortem effugisse. Postquam domum venit, maxime dolebat uxorem amatam a militibus Commodi crudeliter vexatam et cum filio suo interfectam esse.

III

Apparet Maximum postea a mercatoribus Africanis captum et in servitutem abductum esse. Mercator autem intellexit eum optime pugnare et sibi multum prodesse posse. Censuit enim eum multas divitias sibi parare posse.

IV

Et profecto constat Maximum omnes adversarios superavisse et gladiatorem notissimum Romae exstitisse.
Audiebat multitudinem in arena nomen suum clamare et gaudebat se magnam potestatem habere. Oportebat enim etiam imperatorem voluntati multitudinis parere.

V

Maximus autem sciebat turbam sibi favere. Itaque Commodum iterum atque iterum illudebat. Constat Commodum postremo cum Maximo in arena decertavisse. Et quamquam Maximus ante certamen vulneratus erat, tamen eum Commodum necavisse scimus.
Omnes spectatores vel in Colosseo vel in cinematographeo dolebant Maximum postremo in arena mortuum esse.

Wiederholung I

Das Dreieck am Rand sagt dir, welche Themen behandelt werden.

1. Kombinationstabelle

Bei dieser Tabelle ist deine Kombinationsgabe gefragt, denn du musst Formen bilden und selbst herausfinden, in welchen Kasus du sie setzen musst.
Los geht's!

Nom. Sing.	impetus		
		rem	
Pl.			operum
	–		operibus

2. Der Kasus-Zauberstab!

Setze die Ausdrücke in die angegebenen Kasus.

magistratus prudens →	magistratus prudentes (Nom. Pl.)	→ (Gen. Sing.)	→ (Akk. Pl.)
spes vera →	(Dat. Sing.)	→ (Abl. Sing.)	→ (Gen. Sing.)
exercitus ingens →	(Dat. Sing.)	→ (Abl. Pl.)	→ (Gen. Pl.)
dies brevis →	(Akk. Sing.)	→ (Abl. Sing.)	→ (Gen. Pl.)

3. Da hat sich doch eine kleine Kuckucks-Form eingeschlichen!
Finde in jeder Zeile den Irrläufer und begründe.

1. pulchri – acri – crudeli – celeri
2. regem – regionem – rem – religionem
3. rerum – manuum – marium – aedificium
4. fidei – servi – senatui – principi
5. vetera – pia – prudentia – crudelia

4. Clara findet zerrissene Kennkarten.
Welche Angaben gehören zu welchem Substantiv oder Adjektiv? Schreibe die Kennkarten neu! Auf diese Weise kannst du sie am besten behalten.

- domus das Haus
- navis,
- us m. der Senat
- nobilis
- dives,
- divitis reich
- is f. das Schiff
- fides, die Treue
- fidei f.
- schnell
- tempus die Zeit
- e vornehm
- celer, is, e
- senatus,
- us f.
- oris n.

5. Kreuze die Adjektive an, die im Ablativ stehen.
Wenn du ihre Anfangsbuchstaben richtig zusammensetzt, erhältst du das Lösungswort.

☐ gravis	☐ lato	☐ diviti
☐ acri	☐ altis	☐ utilia
☐ miseri	☐ ingentis	☐ iusta
☐ brevibus	☐ tali	☐ celere
☐ felicis	☐ tanti	☐ vetere

Das Lösungswort lautet: ____________

6. Adjektiv-Roulette

Die Drehscheiben rotieren! Bewege sie so, dass jeweils ein Substantiv und ein Adjektiv zusammengehören. Achte auf KNG-Kongruenz und Sinn!

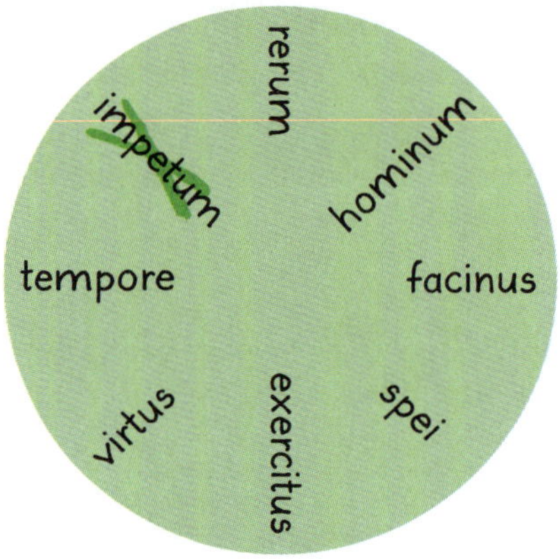

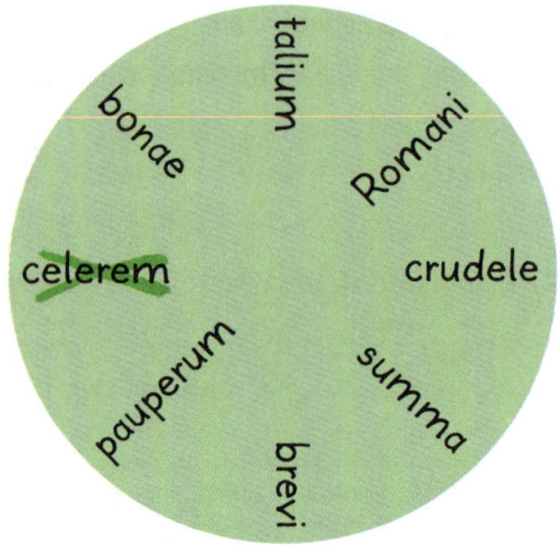

impetum celerem

7. Gesucht werden …

Clara räumt auf und entdeckt ein Asterix-Heft in lateinischer Sprache.
Sie hat keine Lust mehr aufzuräumen und erzählt euch lieber von Asterix und Obelix. Dabei isst sie Gummibärchen, sodass sie nur schwer zu verstehen ist. Finde die richtigen Endungen und übersetze die Sätze in dein Heft.

1. Brev ___ tempore exercit ___ Romani multas gentes Gallorum vicerunt.
2. Sed Asterix et Obelix impet ___ vehementes militum Romanorum iterum atque iterum arcere possunt.
3. Romani duos Gallos et eorum amicos timent, nam parv ___ manus eos saepe terret.
4. Clara vobis mult ___ ali ___ res de Asterige et Obelige narrare cupit, sed subito mater venit et Clara omn ___ res in suo loco reponere pergit.

8. Der Formenmagier

Hier treibt ein geheimnisvoller Magier sein Unwesen. Mit seinem Zauberstab verändert er jeweils eine Eigenschaft der Futur-Verbformen. Hilf ihm beim Zaubern!

1. Pl. →	3. Pl. →	3. Sing. →	1. Sing. →	Infinitiv Präs.
dabimus	dabunt	dabit	dabo	dare
habebimus				
	aderunt			
		sentiet		
			ducam	
	facient			

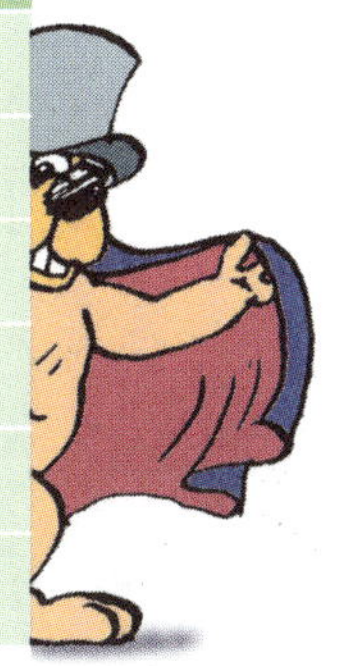

9. Dein Kombinationsvermögen ist gefragt!

Fülle die Verben-Kette mit den richtigen Endungen des Futur II.

- ded ero – 1. Pers. Sing.
- potu ___ – 2. Pers. Sing
- leg ___ – 3. Pers. Sing.
- pepul ___ – 1. Pers. Pl.
- audiv ___ – 2. Pers. Pl.
- defend ___ – 3. Pers.Pl.

10. Orpheus träumt …

Die schöne Eurydike befindet sich im Tartarus (der Unterwelt), nachdem sie von einer Schlange gebissen worden ist. Ihr Mann Orpheus will sie zurückholen. Er stellt sich vor, wie seine Zukunft ausschauen wird, wenn Eurydike wieder bei ihm ist. Unterstreiche in den lateinischen Sätzen das Futur II rot. Übersetze die Geschichte dann in dein Heft!

Tipp: Schau dir noch einmal die Seite 38 an und du weißt, wie du im Deutschen ein lateinisches Futur II übersetzen musst.

1. Si Pluto et Proserpina mihi uxorem meam reddiderint, eis semper gratus ero.
2. Si Eurydica Tartarum reliquerit, denuo omnibus vitae rebus gaudebo.
3. Cum domum meam intraverit, eam multis beneficiis afficiam.
4. Cum mecum ambulaverit, eam carminibus pulchris delectabo.

11. Passiv-Kette

Wiederhole noch einmal alle Zeiten des Passivs und konjugiere vollständig in dein Heft:

1. rogare — im Präsens Passiv → rogor, …
2. capere — im Imperfekt Passiv → capiebar, …
3. mittere — im Futur I Passiv → mittar, …
4. terrere — im Perfekt Passiv → territus sum, …
5. invenire — im Plusquamperfekt Passiv → inventus eram, …
6. consulere — im Futur II Passiv → consulta ero, …

12. Die (Passiv-)Würfel sind gefallen!

Der hellgrüne Würfel entscheidet über die Person, der dunkelgrüne Würfel über das Verb. Los geht's!

⚀ = 1. Pers. Sing. ⚁ = 2. Pers. Sing. ⚂ = 3. Pers. Sing.

⚃ = 1. Pers. Pl. ⚄ = 2. Pers. Pl. ⚅ = 3. Pers. Pl.

⚀ = cupere ⚁ = interficere ⚂ = vexare

⚃ = punire ⚄ = videre ⚅ = vincere

Bilde entsprechend den Würfelkombinationen die Formen im Imperfekt Passiv und im Plusquamperfekt Passiv:

	Imperfekt Passiv	Plusquamperfekt Passiv
⚀ ⚃	puniebar	
⚁ ⚅		
⚄ ⚂		
⚃ ⚀		
⚅ ⚄		
⚂ ⚁		

Tipp: Würfele für dich selbst weiter und bilde weitere Formen!
Du kannst diese Übung auch für die anderen Zeiten des Passivs machen.

13. Welche Formen stehen im Aktiv, welche im Passiv?
Ordne die folgenden Formen, bilde für jede Form das andere Genus verbi (Aktiv oder Passiv) und übersetze dann beide Formen.

opprimunt – timebaris – commota est – necavimus – audiam – defenderas – clausi estis – caedes – appellabis

Aktiv		**Passiv**	
lat. Form	Übersetzung	lat. Form	Übersetzung
opprimunt	sie unterdrücken	opprimuntur	sie werden unterdrückt

14. Verben-Wirrwarr
Hier ist der Abstand zwischen einer Reihe von Verbformen vergessen worden. Trenne die Wörter ab und bestimme dann, welche Wörter Futurformen sind! Die Anfangsbuchstaben der Futurformen ergeben eine berühmte Persönlichkeit, die in der Unterwelt leiden muss.
Übersetze anschließend die Futurformen in dein Heft und beachte genau, ob sie im Aktiv oder Passiv stehen!

TOLLAMSUPERABAMCAPISADDUCEMURDABAN
TURNUNTIABUNTURMITTUNTCONTENDIMUSTR
ADENTAUGEBISAMARISCORRUMPORLAUDABO
RURENTURVULNERABATISVINCISSERVABITIS

Lösungswort:

15. Das Passiv-Regal

Die vielen Passivformen, die dir bis jetzt schon begegnet sind, brauchen etwas Ordnung. Stelle die Verbformen auf das richtige Regalbrett. Welche Verbform gehört nicht hinein? Unterstreiche sie!

	a-Konjugation	e-Konjugation
Präs.		videtur
Imperf.		
Fut. I		
Perf.		
Plusqu.		
Fut. II		
Inf. Präs.		
Inf. Perf.		

	ī-Konjugation	Kons. und Kurz-i-Konjugation
Präs.		
Imperf.		
Fut. I		
Perf.		
Plusqu.		
Fut. II		
Inf. Präs.		
Inf. Perf.		

corruptam esse – sentitur – punitos esse – laudabamini – reperti estis – agi – aperta erunt – liberabuntur – terrebar – moveri – auctum erat – consulor – auditus eram – egi – puniebamur – nominari – mutatae erimus – mittentur – interrogantur – conspectum erit – deletas esse – vexatum esse – rapta eras –audiar – ~~videtur~~ – abiectus est – inveniri – risus ero – amati erant – monitae sunt – pellebaris – providebitur – datum est

Tipp: Erinnerst du dich an die Bedeutung und Perfektbildung aller Verben? Schreibe dir für Verben, bei denen du unsicher bist, eine Kennkarte!

16. Wandle die folgenden Sätze ins Passiv um und übersetze sie dann in dein Heft!

Beispiel: Galli fortes exercitum Romanum opprimunt.

Exercitus Romanus a Gallis fortibus opprimitur.

1. Romani totum orbem terrarum expugnaverunt.
2. Obelix Asterigem amicum adiuvat.
3. Cantorix semper milites Romanos magna voce terrebat.
4. Cantorix etiam amicos magna voce vexabat.
5. Tamen Asterix et Obelix eum e periculo servabunt.

17. Wortverbindung gesucht!

Hier ist einiges durcheinandergeraten! Verbinde jedes Substantiv mit dem passenden Demonstrativpronomen und bestimme die Wendung hinsichtlich Kasus, Numerus und Genus!

			K	N	G
1. id	rem	1.			
2. eum	virtute	2.			
3. iis	manuum	3.			
4. eam	diebus	4.			
5. ea	opus	5.			
6. earum	portum	6.			

18. Pronomina im Gitter

Im Buchstabengitter sind Personalpronima versteckt (waagerecht, senkrecht und diagonal). Suche sie und rahme sie ein!

V	E	U	M	T	A	R	L	I	M
O	R	S	G	U	C	F	A	R	B
B	M	P	A	R	T	O	Y	N	F
I	R	I	O	Q	B	L	V	O	T
S	G	C	H	E	L	F	A	S	V
R	V	S	O	I	O	M	L	T	D
O	L	R	G	M	A	S	E	R	A
N	U	A	S	U	O	I	V	U	T
M	R	I	N	F	U	G	T	M	O
B	I	P	T	S	M	I	L	R	V

Anzahl der Pronomina:

Die versteckten Personalpronomina sind:

19. Setze die passenden Formen von is, ea, id ein und übersetze in dein Heft!

_____ oppidum clarum est. Graeci _____ diu oppugnaverunt. Subito _____ absunt, sed donum reliquerunt: equum ligneum. Troiani _____ in oppidum trahere student. Laocoon autem Troianos admonet: „Puto milites in _____ latere." Subito Laocoon et filii _____ a serpentibus opprimuntur. Statim Troiani clamant _____ a deis punitum esse.

20. Calvinus et Hobbes

Verbinde die auf S. 73 stehenden Hauptsätze, indem du den zweiten (der hinter dem Doppelpunkt anfängt!) in einen AcI umwandelst. Übersetze dann die AcI-Sätze in dein Heft!

1. Calvinus (Calvinus, -i: Calvin) amico narrat: Vitam suam describit.
2. Hobbes (Hobbes, itis: Hobbes) dubitat et dicit: Calvinus sex tantum annos natus est.
3. Calvinus respondet: Unam tantum paginam habet.

21. Zu guter Letzt: eine Übersetzung

In der folgenden Übung sind alle Besonderheiten, die der AcI und die anderen bisherigen Grammatikkapitel bieten, versteckt. Sicherlich wirst du wie Herkules alle zwölf Aufgaben lösen.
Schreibe die Übersetzung in dein Heft.

1. Quis nescit Herculem virum fortem et prudentem fuisse?
2. Auctores Alcmenam (Alkmene) eum ex Iove peperisse tradunt.
3. Certe intellegitis Iunonem, uxorem Iovis, odio commotam esse.
4. Itaque Herculem interficere et ad puerum duos serpentes mittere decrevit.
5. Herculem bestias sua manu necavisse constat.
6. Audivistis regem Eurystheum (Eurystheus) ei duodecim labores imposuisse.
7. Scriptores Graeci Herculem multa monstra terribilia vicisse narrant.
8. Herculem incolas Nemeae (Nemea: die Stadt Nemea) leone liberavisse constat.
9. Praeterea poetae aprum Erymanthium (aper Erymanthius *m.*: der erymanthische Eber) ab eo occisum esse dicunt.
10. Hercules gaudebat se Cerberum quoque ad Eurystheum regem traxisse.
11. Vir fortis se omnes labores facile (Adverb zu facilis: leicht) conficere posse sensit.
12. Quis nescit Herculem non pugna, sed fraude turpi victum esse?
13. Apparet illum Herculem mortem miseram non effugisse.

Für Spezialisten hat sich eine zusätzliche Aufgabe eingeschmuggelt. In welchem Satz steht kein AcI?

Antwort:

nachdem ... weil ... obwohl ... falls ...

Adverbiale Gliedsätze

Postquam Clara dona accepit, amici cantant.

Nachdem Clara die Geschenke bekommen hat, singen ihre Freunde.

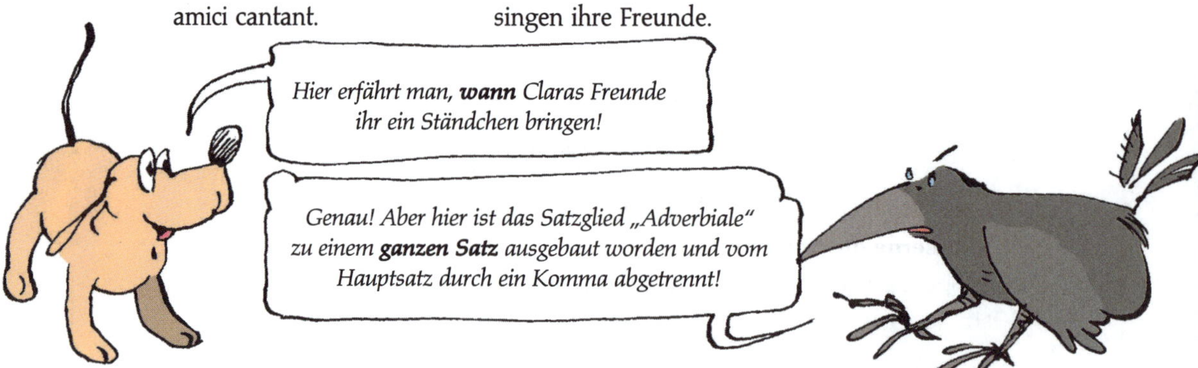

Sicherlich erinnerst du dich noch an den Begriff „Adverbiale Bestimmung" oder „Adverbiale" (Bd. 1, S. 11). Eine adverbiale Bestimmung ist das Satzglied (Satzteil), das darüber Auskunft gibt, **warum**, **wann**, **unter welchen Bedingungen** usw. eine Handlung abläuft.

Eine adverbiale Bestimmung, die zu einem **ganzen Satz** erweitert wurde, bezeichnet man als **Adverbialen Gliedsatz** oder **Adverbialsatz**. Auf diese Weise entsteht ein Satzgefüge, das aus

1. einem übergeordneten Hauptsatz (..., amici cantant.) und
2. einem untergeordneten Gliedsatz (Postquam Clara dona accepit, ...) besteht.

Auf die Sinnrichtung kommt es an!

Die jeweilige **Sinnrichtung** eines Adverbialsatzes (Angabe der Zeit, des Grundes etc.) kannst du schon an seinem ersten Wort, an der **Subjunktion** (= unterordnendes Bindewort), erkennen, z. B. leitet quod (*weil*) einen kausalen Gliedsatz ein, postquam (*nachdem*) einen temporalen Gliedsatz. Achte daher im Folgenden genau auf die Subjunktionen!

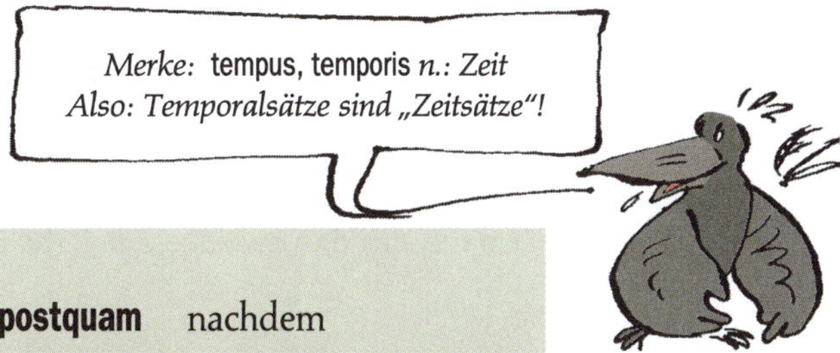

Temporalsätze

dum	während / solange, bis	**postquam**	nachdem
		antequam/priusquam	bevor, ehe
cum	(jedes Mal) wenn / als (plötzlich)	**ubi/ubi primum**	sobald

Temporale Gliedsätze werden durch Subjunktionen wie dum, postquam, cum usw. eingeleitet. Sie erklären, **wann genau** die im Hauptsatz dargestellte Handlung abläuft (Gegenwart), abgelaufen ist (Vergangenheit) oder ablaufen wird (Zukunft).

Tipp: Lerne die Subjunktionen auswendig und achte bei der Übersetzung stets auf die Tempora der Verbformen!

Achtung: Besondere Temporalsätze!
Für einige lateinische Temporalsätze (dum, postquam, ubi) ist ein **bestimmtes, immer gleiches Tempus** vorgeschrieben, unabhängig davon, wann die Handlung abläuft. Dieses Tempus soll deutlich machen, in welchem **Zeitverhältnis** der Gliedsatz zum Hauptsatz steht.

Übung – Jetzt bist du dran!

Trage in die Tabelle das Zeitverhältnis ein, das der Gliedsatz ausdrückt: Beachte dabei die deutsche Bedeutung von dum, postquam und ubi!

dum-Satz	**postquam**-Satz	**ubi**-Satz
Prädikat steht immer im	Prädikat steht immer im	Prädikat steht immer im
Präsens	**Perfekt**	**Perfekt**
↓	↓	↓
Der dum-Satz drückt also	Der postquam-Satz drückt also	Der ubi-Satz drückt also
zur Haupthandlung aus!	zur Haupthandlung aus!	zur Haupthandlung aus!

Und so wird das übersetzt!

Entscheidend ist das Tempus im lateinischen Hauptsatz. Übersetze den Hauptsatz also stets zuerst! Dann wähle für deinen deutschen Gliedsatz genau das Tempus, das das jeweilige Zeitverhältnis zum Hauptsatz ausdrückt.

Beispiel: dum-Sätze

dum-Satz	Hauptsatz
1. Dum Clara dona **spectat** (Präsens!),	mater tabulam **parat** (Präsens).
Während Clara ihre Geschenke **ansieht**,	**deckt** ihre Mutter den Tisch.
2. Dum Clara dona **spectat** (Präsens!),	mater tabulam **paravit** (Perfekt).
Während Clara ihre Geschenke **ansah**,	**deckte** ihre Mutter den Tisch.

Jetzt bist du wieder dran: postquam-Sätze!

Vervollständige die deutschen Übersetzungen.

Tipp: Im Deutschen wird die Vorzeitigkeit zum Präsens durch das Perfekt, die Vorzeitigkeit zum Perfekt durch das Plusquamperfekt ausgedrückt.

postquam-Satz	Hauptsatz
1. Postquam Clara dona **spectavit** (Perfekt!), Nachdem Clara ihre Geschenke	amici **cantant** (Präsens). **singen** ihre Freunde.
2. Postquam Clara dona **spectavit** (Perfekt!) Nachdem Clara ihre Geschenke	amici **cantaverunt** (Perfekt). **sangen** ihre Freunde.

Kausalsätze

quod weil | **quoniam** weil ja, da ja | **quia** weil

Kausale Gliedsätze geben an, **warum die im Hauptsatz dargestellte Handlung** geschieht.

Übung – Jetzt bist du dran!

Übersetze und achte besonders auf das Tempus!

1. Clara gaudet, quod multa et pulchra dona accepit.
2. Clara laeta erat, quia dona pulchra acceperat.
3. Mater liberos ad cenam vocat, quoniam omnes amici adsunt.
4. Mater liberos vocavit, quod cena parata erat.

Konzessivsätze

quamquam obwohl **etiamsi** auch wenn

Konzessivsätze geben den Grund an, **weshalb** das Geschehen im Hauptsatz eigentlich nicht stattfinden könnte oder sollte (Gegenwart) bzw. nicht hätte stattfinden können oder sollen (Vergangenheit).

Übung – Claras erster Backversuch

Übersetze gleich in dein Heft. Beachte die Tempora!

1. Etiamsi Clara magnam operam dedit, placenta bona non est.
   (placenta: Kuchen; operam dare: sich Mühe geben)
2. Etiamsi Clara magnam operam dederat, placenta bona non erat.
3. Quamquam placenta delicata non est, amici contenti sunt.
4. Quamquam placenta delicata non erat, amici contenti erant.
   (delicatus, a, um: lecker)

Kondizionalsätze

si falls, wenn **nisi** falls nicht, wenn nicht

Kondizionale Gliedsätze erläutern die **Bedingungen** oder **Voraussetzungen**, unter denen die Handlung im Hauptsatz abläuft. Bei Kondizionalsätzen mit Indikativ kann diese Bedingung tatsächlich eintreten.

Übung – Genug Kuchen vorrätig?

Übersetze in dein Heft. Beachte die Tempora!

Mater: „Si omnes amici tui venient (!), una placenta satis non erit!"

Clara (ridet): „Nisi tu venies, una placenta satis erit. Mater mea enim homo edax est, si placentam videt! (haha!)
(homo edax: ein kleiner Vielfraß)

Auf einen Blick: adverbiale Gliedsätze

1. Ein Gliedsatz (untergeordneter Satz) bildet in Kombination mit einem Hauptsatz (übergeordneter Satz) ein **Satzgefüge**.

2. Als „Adverbialen Gliedsatz" oder „Adverbialsatz" bezeichnet man einen Gliedsatz, der darüber informiert, *wann, warum, trotz welcher Umstände usw.* die Handlung im Hauptsatz abläuft. Im gesamten Satzgefüge hat der adverbiale Gliedsatz die Funktion einer **adverbialen Bestimmung**.

3. Adverbiale Gliedsätze werden durch eine **Subjunktion** (unterordnendes Bindewort) eingeleitet. Bereits die Subjunktion zeigt die Sinnrichtung und Art des Gliedsatzes an.

Subjunktion	Sinnrichtung, Art des Gliedsatzes
• **dum** (während; solange, bis) • **postquam** (nachdem) • **antequam / priusquam** (bevor, ehe) • **cum** (als plötzlich; jedes Mal wenn) • **ubi / ubi prīmum** (sobald)	**Temporalsatz** (Angabe der Zeit)
• **quod** (weil) • **quia** (weil) • **quoniam** (weil ja, da ja)	**Kausalsatz** (Angabe eines Grundes)
• **quamquam** (obwohl) • **etiamsī** (auch wenn)	**Konzessivsatz** (Angabe eines Gegengrundes)
• **sī** (wenn, falls) • **nisī** (wenn nicht, falls nicht)	**Kondizionalsatz** (Angabe einer Bedingung)

Lerne die Arten der Adverbialsätze sowie die dazugehörigen Subjunktionen wie Vokabeln auswendig!

4. Für einige adverbiale Gliedsätze ist in der lateinischen Sprache ein bestimmtes **Tempus** vorgeschrieben:
   - Lateinische **dum-Sätze** stehen immer im **Präsens** und werden gleichzeitig zum Tempus des Hauptsatzes übersetzt.
   - Lateinische **postquam-Sätze** stehen immer im **Perfekt** und werden vorzeitig zum Tempus des Hauptsatzes übersetzt.

Übungen zu den adverbialen Gliedsätzen

1. dum und postquam – Auf das richtige Tempus kommt es an !

Setze die richtige Subjunktion ein und übersetze die Sätze in deinem Heft.

1. Liberi diem natalem Clarae celebrant, ______ mater mensam paravit.
2. ______ amici cantant, Clara dona amicorum spectavit.
3. Clara laeta est, ______ multa et pulchra dona spectat.
4. ______ amici placentam Clarae laudaverunt, Clara contenta erat.

2. Bayern München erwartet Borussia Dortmund im Olympiastadion

Wähle die passende Subjunktion für den Gliedsatz aus und gib die Sinnrichtung an. Dann übersetze das gesamte Satzgefüge in dein Heft.

1. Multi homines hodie in arenam Olympicam venerunt, ______ Borussia venit. (etiamsi – postquam – quia)

   Sinnrichtung: ______

2. Spectatores magnum spectaculum exspectant, ______ nonnulli lusores vulnerati aut aegroti sunt. (etiamsi – nisi – ubi)

   Sinnrichtung: ______

3. ______ lusores arenam intraverunt, spectatores cantant. (quamquam – si – ubi)

   Sinnrichtung: ______

4. lusores se ad ludum parant, amici Borussiae „La olam“ faciunt. (dum – cum – postquam)

Sinnrichtung:

5. Nunc vox per microphonum nomina lusorum nuntiat. vox lusorem aliquem nominat, amici lusoris triumphant. (nisi – etiamsi – cum)

Sinnrichtung:

6. Ludus incipitur. Bavaria vicerit, amici Borussiae maesti erunt. (quod – cum – si)

Sinnrichtung:

3. Asterix Gallus

Im Jahre 50 v. Chr.: ganz Gallien ist von den Römern besetzt … Ganz Gallien? Keineswegs!

Nimm ein wenig vom Zaubertrank des Druiden Panoramix! Er wird dir helfen, den folgenden Text richtig zu übersetzen.

Romani, postquam magnam partem Galliae expugnaverunt, tamen domini Galliae non erant. Unus vicus enim militibus Romanis adhuc restitit, quamquam Romani fortiores erant. Is vicus a Romanis expugnari non potuit, quod ab Asterige callido et amicis eius habitabatur. Asterix, etiamsi Gallus parvus erat, invictus erat, quoniam semper secum habebat potionem magicam (Zaubertrank). Itaque Romani, cum Parvibonum oppugnabant, magnam cladem accipiebant.

Das Skateboard, das ...

Relativsätze

Rufus fragt noch einmal genau nach: Welches Mädchen meinst du?

Maria wiederholt es:

Puella, **quae** tam bene saltare potest! Das Mädchen, **das** so gut springen kann!

Maria gibt Rufus eine Zusatz-Information über das Mädchen. Diese Information drückt Maria durch einen Gliedsatz aus, der durch ein **Relativpronomen** eingeleitet wird:

Ibi est puella,	**quae** bene saltare potest.
Dort ist ein Mädchen,	**das** gut springen kann.

Und weil dieser Gliedsatz in enger Beziehung (= Relation) zu einem Substantiv des übergeordneten Satzes steht, heißt er **Relativsatz**.

Übung – Jetzt bist du dran!

Unterstreiche in den folgenden Beispielsätzen das Relativpronomen und sein Bezugswort im übergeordneten Satz!

Rufus, qui novam tabulam rotalem (Skateboard) habet, Mariam interrogat.

Ibi amicae sunt, quae libenter tabulis rotalibus saltant.

Die Verbindung zwischen Gliedsatz und Hauptsatz wird durch das Relativpronomen qui, quae, quod (*welcher, welche, welches* oder einfach *der, die, das*) hergestellt. Und so sehen die Formen aus:

Die Relativpronomina

RELATIVPRONOMINA

Singular			Pural		
quī der	**quae** die	**quod** das	**quī** die	**quae** die	**quae** die
cuius dessen	**cuius** deren	**cuius** dessen	**quōrum** deren	**quārum** deren	**quōrum** deren
cuī dem	**cuī** der	**cuī** dem	**quibus** denen	**quibus** denen	**quibus** denen
quem den	**quam** die	**quod** das	**quōs** die	**quās** die	**quae** die
quō mit dem/ durch den	**quā** mit der/ durch die	**quō** mit dem/ durch das	**quibus** mit denen/ durch die	**quibus** mit denen/ durch die	**quibus** mit denen/ durch die

PAPYRUS

Übung – Jetzt bist du schon wieder dran!

Setze das passende Relativpronomen ein, unterstreiche Relativpronomen und Bezugswort und übersetze dann in dein Heft:

1. Clara, quem bene saltat, amica mea est.
2. Rufus, cui Claram venire videt, clamat.
3. Ecce forum, cuius plenum liberorum est!

Puella ↓	,	**quam** video, bene saltat. ↓
1 Sing. *f.*		Akk Sing. *f.*

Ergänze den Kasus!

*Ich verfolge den Hund, **dessen** Knochen mir gut gefällt! Na klar!*

Hier unterscheidet sich der Kasus des Bezugswortes von dem des Relativpronomens! Das liegt an seiner Aufgabe (Funktion) im Relativsatz (hier: Akkusativobjekt):

Puella	,	**quam**	video,	,	bene	saltat.
S		Akk.-O	P (+ S)		Adv.	P

Wen oder was sehe ich?

Tipp: *Numerus* und *Genus* des Relativpronomens richten sich nach dem Bezugswort, der *Kasus* nach der Funktion des Relativpronomens im Satz!

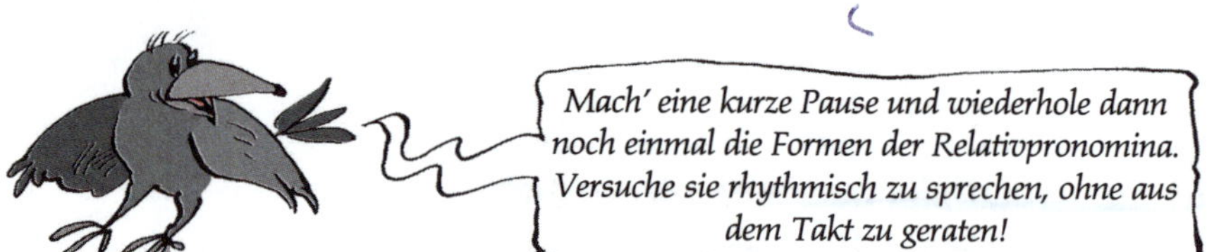

Übung – Und schon bist du dran!

Die Kofferanhänger bezeichnen die Funktion des Relativpronomens im Relativsatz. Sieh dir folgende Beispiele genau an und ordne den Relativpronomina den richtigen Kofferanhänger zu!

Rufum video, ...

1. **quem** saepe visito. c
2. **cui** Clara crustulum (Keks) dat. d
3. **qui** in oppido habitat. a
4. **cuius** pater magister est. b

Fälle mit Biss: Relativsätze für helle Köpfe!

Findest du die richtige Übersetzung?

1. Ibi est Rufus, **quocum** Clara saltat.
2. Ecce puer, **a quo** tabulam rotalem (Skateboard) accepi.
3. Puella, **de qua** narravi, Clara est.
4. Amici, **quibuscum** saltavi, nunc domum properant.

Auf einen Blick: Relativsätze

1. Der Relativsatz wird durch eine Form des Relativpronomens qui, quae, quod eingeleitet.
2. Der Relativsatz enthält eine nähere Information zu einem Substantiv des übergeordneten Satzes. Daher steht das Relativpronomen immer im selben **Numerus** und **Genus** wie sein Bezugswort.
3. Der **Kasus** des Relativpronomens wird durch die Funktion (Aufgabe) bestimmt, die das Relativpronomen im Relativsatz übernimmt.

Pronomendoppel: Jetzt wird's spannend!

Das Bezugswort eines Relativpronomens kann auch eine Form von is, ea, id sein:

Ea, **quae** dicis, non credo.	**Quae** dicis, non credo.
Das, **was** du sagst, glaube ich dir nicht.	**Was** du sagst, glaube ich dir nicht.

Tipp: Lerne am besten die Verbindung von id, quod (Neutr. Sing.) und ea, quae (Neutr. Pl.) wie eine Vokabel: Beides heißt „das, was". Denke aber daran, dass diese Verbindung durchaus auch „kopflos" auftritt (vgl. Beispiel rechts!).

Für Fortgeschrittene: Der relativische Satzanschluss

Wenn ein Relativpronomen einen neuen Hauptsatz einleitet und diesen somit logisch an einen vorausgegangenen anschließt, nennt man das **relativischer Satzanschluss**. Im Deutschen verwendest du dafür ein **Demonstrativpronomen** und oftmals ein **Bindewort** wie **„denn"** oder **„nämlich"**.

Rufus puerum vocat.	➜	**Quem** heri visitaverat.
Rufus ruft einen Jungen.	➜	**Diesen** hatte er (**nämlich**) gestern besucht.

Übung – Relativpronomina, bunt gemischt!

Setze jeweils das passende Relativpronomen ein ~~und übersetze in dein Heft.~~
Achtung: Du musst auch relativische Satzanschlüsse herstellen!

~~quibuscum~~ ~~quem~~ ~~quod~~ ~~quarum~~ ~~quae~~ ~~cuius~~ ~~qui~~ ~~qua~~

1. Clara noscit puerum, quarum pater magister est.
2. Hodie Clara Rufo, quem saepe visitat, crustulum dat.

3. qui Rufus dicit, amicae valde placet.

4. Libenter etiam cum Maria, cuius amica Rufi est, ambulat.

5. Quae amicis, quibuscum semper ludit, iocosa (*n.* Pl., Witze) narrat.

6. qua iterum atque iterum iocosa audire cupiunt.

7. Fabula, quae Linus liberos delectare cupit, nobis nota est.

8. Liberi attenti audiunt fabulas, quod auctor Phaedrus nominatur.

Auf einen Blick: der relativische Satzanschluss

1. Beim relativischen Satzanschluss wird ein selbständiger Satz durch eine Form von qui, quae, quod eingeleitet.
2. Er schließt diesen selbständigen Satz logisch eng an den vorausgegangenen an.
3. Im Deutschen wird der relativische Satzanschluss mit dem Demonstrativpronomen (*dieser, diese, dieses*) oder dem betonten Personalpronomen (*er, sie, es*) wiedergegeben. Meist tritt ein *denn* oder *nämlich* zur Verdeutlichung hinzu.
4. Häufige relativische Satzanschlüsse sind zum Beispiel quo facto (*hierauf*), quare (*deshalb*) und qua de causa (*aus diesem Grund*).

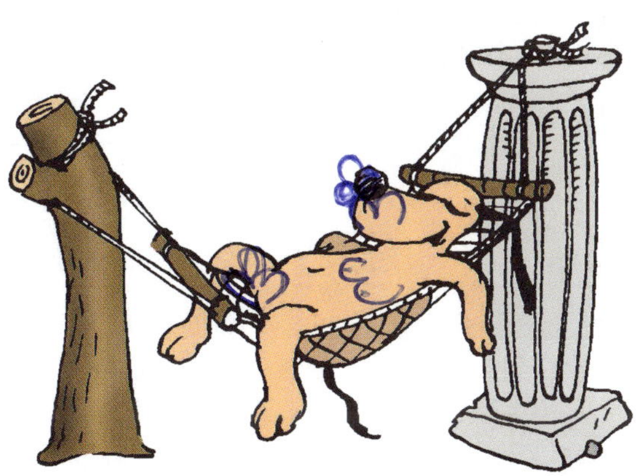

Übungen zu den Relativsätzen

1. Relativpronomensalat!

Suche die Formen von qui, quae, quod heraus (vorwärts, rückwärts, diagonal, waagerecht und senkrecht) und trage sie ein. Mehrdeutige Formen kannst du mehrfach einsetzen. Welche Form fehlt?

H	E	C	E	Q	Q	U	O	R	U	M	K
K	S	I	U	Q	U	I	Q	F	E	P	C
L	X	G	U	I	J	Q	H	X	Q	Q	L
C	C	O	S	X	V	U	A	Q	O	Q	X
U	L	Q	O	R	N	I	N	M	U	U	J
I	K	U	H	B	G	B	Z	B	K	O	J
U	Q	A	M	E	M	U	G	Q	O	D	S
S	E	E	Y	R	N	S	K	C	U	L	T
Q	U	A	P	Q	M	A	U	Q	V	A	F
U	B	C	I	U	D	A	M	E	U	Q	N
A	R	O	V	A	C	E	R	L	J	D	S
E	Y	N	C	S	T	K	M	M	F	I	C

2. Was passt wo?

Füge die auf S. 89 stehenden Relativsätze a) bis e) in die Sätze 1 bis 5 an der passenden Stelle ein und übersetze die vollständigen Sätze dann in dein Heft.

1. Certe iam de Gallis, ( ), audivisti.
2. Caesar, ( ), summus imperator Romanorum est.
3. Asterix et Obelix, ( ), boni amici sunt.

4. Druida (druida, ae *m.*: der Druide), ( ), amicis potionem magicam (Zaubertrank) dat.

5. Obelix autem, ( ), potare non debet.

a) qui infans (als Kind) in potionem magicam incidit
b) qui in eo vico vivunt
c) quos Romani superare non possunt
d) cuius milites totam Galliam praeter parvum vicum expugnaverunt
e) cuius nomen Panoramix est

3. Tanzpartner gesucht!

Ordne die Formen von qui, quae, quod nach Kasus, Numerus und Genus passend zu. Eine Form muss allein bleiben. Welche?

Dat. Pl. *m.*	quod
Akk. Sing. *f.*	quae
Akk. Sing. *n.*	quorum
Nom. Pl. *n.*	qui
Nom. Sing. *m.*	quam
Akk. Sing. *m.*	quo
Gen. Pl. *m.*	quem
	quibus

4. Geisterjagd

Übersetze folgende Sätze – welche Pronomina fehlen hier?

a) Quod audivi, tibi dico.
b) Cuius nomen „Felix" est, nonne felix est?
c) Quod licet Iovi (Dativ von Iuppiter), non licet bovi.
d) Quem non respectas, non educas.

Two in one (I)

Das Participium coniunctum mit PPP

Plaustrum multis rebus oneratum est.

Plaustrum nunc oppidum relinquit.

In diesem Kapitel begegnet dir ein alter Bekannter: das PPP.
Vergewissere dich zuerst, ob dir diese Form noch geläufig ist (vgl. S. 49 ff.)!

① Das PC als Adverbiale

Two in two:

1. Plaustrum **multis rebus oneratum est.** ➜ Der Lkw ist mit vielen Dingen beladen worden.
2. Plaustrum nunc oppidum relinquit. ➜ Der Lkw verlässt nun die Stadt.

Two in one:

Plaustrum **multis rebus <u>oneratum</u>** nunc oppidum relinquit.

Und so lässt sich das übersetzen:

Nachdem der Lkw mit vielen Dingen beladen worden ist, verlässt er nun die Stadt.

In der „Two in one"-Fassung ist vom Prädikat des ersten Satzes (oneratum est) nur noch das **Partizip** (oneratum) übriggeblieben. Dieses Partizip bezieht sich der Form nach auf sein **Beziehungswort** plaustrum und ist mit ihm – wie ein Adjektiv! – durch KNG-Kongruenz (vgl. Bd. 1, S. 36) **verbunden**. Daher der Name der Konstruktion: **Participium coniunctum (PC) = Verbundenes Partizip!**

Übung – Nun bist du an der Reihe!

Unterstreiche das Partizip und sein kongruentes Beziehungswort. Dann übersetze! Um dir die Sache zu erleichtern, sind jeweils noch die „Two in two"-Sätze (also ohne PC) dahinter gestellt.

1. Cistae in plaustro positae in oppidum novum transportantur.

ohne PC:

a) Cistae in plaustro positae sunt.

b) Cistae in oppidum novum transportantur.

2. Clara et Linus a Rigoroso relicti amicum valde desiderant.

ohne PC:

a) Clara et Linus a Rigoroso relicti sunt.

b) Clara et Linus amicum valde desiderant.

Mut zur Übersetzung!

Bisher hast du als Übersetzungsmöglichkeit für ein PC den temporalen Gliedsatz (*nachdem* ...) kennengelernt. Die beiden folgenden Beispiele zeigen dir weitere Möglichkeiten:

Amici **a Rigoroso relicti** maesti sunt.

Die Hauptaussage drückt die Haupthandlung aus: Amici maesti sunt – sie sind traurig! Der Partizipialausdruck mit dem PC (blau) gibt eine Zusatzinformation. Er drückt aus, **wann** oder **warum** die beiden traurig sind: a Rigoroso relicti – sie sind von ihrem Freund verlassen worden!

Der Partizipialausdruck mit dem PC hat also die Satzteilfunktion einer **adverbialen Bestimmung**. Deshalb wird er mit einem **adverbialen Gliedsatz** wiedergegeben:

- Möglichkeit 1:

Als/nachdem Clara und Linus von ihrem Freund verlassen worden sind, sind sie traurig. (**temporaler Gliedsatz**)

• Möglichkeit 2:
Weil Clara und Linus von ihrem Freund verlassen worden sind, sind sie traurig. (**kausaler Gliedsatz**)

Sieh dir jetzt folgendes Beispiel an:

Clara a Rigoroso iam invitata amicum desiderat.

Die Hauptaussage gibt die Handlung vor: Clara amicum desiderat – sie vermisst ihren Freund!
Diesmal gibt der Partizipialausdruck mit dem PC allerdings keinen Grund oder Zeitpunkt an, denn die Übersetzung „Clara vermisst ihren Freund, weil/nachdem sie von ihm eingeladen worden ist." ergibt keinen Sinn. Genau das Gegenteil ist der Fall: D. h. der Partizipialausdruck kann nur mit einem **konzessiven Gliedsatz** (*obwohl* ...) wiedergegeben werden:

Obwohl Clara von Rigorosus eingeladen worden ist, vermisst sie ihren Freund.

Es kommt also auf dein Fingerspitzengefühl an, welche Art von adverbialem Gliedsatz du zur Übersetzung eines PC wählst.

Tipp: Der temporale Gliedsatz ist nie falsch, aber er ist nicht immer die eleganteste und sinnvollste Lösung!

Sicher zur Übersetzung: die Klammertechnik

Für eine gelungene Übersetzung des PC ist es wichtig, dass du eine Technik besitzt, die bei jedem Satz treffsicher zum Erfolg führt. Spurius zeigt dir an einem einfachen Beispielsatz, wie eine solche Technik aussehen könnte:

Helena Graeca a Troianis abducta maesta erat.	
1. Kennzeichne das Partizip und sein Beziehungswort.	Helena Graeca a Troianis abducta maesta erat.
2. Setze eine Klammer, die hinter dem Beziehungswort beginnt und hinter dem Partizip endet (du hast jetzt einen der beiden „Two in two"-Sätze weggeklammert, nämlich den Partizipialausdruck!).	Helena Graeca (a Troianis abducta) maesta erat.

3. Übersetze nun die außerhalb der Klammer stehenden Worte (Hauptaussage).	Helena Graeca maesta erat = die Griechin Helena war traurig.
4. Schau dir nun die Worte in der Klammer (untergeordnete Aussage; Partizipialausdruck) an, und überlege, in welchem Sinnverhältnis sie zur Hauptaussage stehen.	Aha: a Troianis abducta gibt den *Grund* für Helenas Traurigkeit an.
5. Füge zuletzt die untergeordnete Aussage (Partizipialausdruck) in die Hauptaussage ein. Verwende dazu eine der Übersetzungsarten für das PC.	Die Griechin Helena war traurig, *weil* sie von den Troianern entführt worden war. Oder: *Weil* die Griechin Helena von den Troianern entführt worden war, war sie traurig.
6. Prüfe, ob du auch auf das Zeitverhältnis geachtet hast, denn das PPP drückt eine Vorzeitigkeit aus !	„entführt worden war" (= Plusquamperfekt) liegt zeitlich vor „war traurig" (= Imp.) – also ist das PPP vorzeitig übersetzt worden!

Ein **Partizip <u>Perfekt</u> Passiv** drückt immer die **Vorzeitigkeit** aus, d. h. die im PPP ausgedrückte Handlung liegt zeitlich immer **vor** der Haupthandlung.

Achtung: Steht das Prädikat des Satzes (= Haupthandlung) im Imperfekt oder Perfekt, muss das PPP im Plusquamperfekt übersetzt werden!

② Das PC als Attribut

Cista **in via relicta** gravis est.

- relicta ist das Partizip.
- cista ist das kongruente Beziehungswort.
- Cista gravis est. ist die Hauptaussage und heißt übersetzt: „Die Kiste ist wichtig (*oder:* schwer)."

In welchem Sinnverhältnis aber steht in via relicta zu der Hauptaussage? Die Kiste ist *nicht* wichtig, weil sie auf der Straße zurückgelassen worden ist! Auch „nachdem" und „obwohl" ergeben als Einleitungen für unseren Gliedsatz keinen Sinn. Hier liegt einer der seltenen Fälle vor, bei denen der Partizipialausdruck nicht die Satzposition der adverbialen Bestimmung einnimmt. Vielmehr handelt es sich (wie z. B. bei einem Relativsatz) um ein **Attribut**, d. h. eine erklärende Beifügung zu einem Nomen.

Übersetzungsmöglichkeiten

1. Gute Übersetzung: „Die Kiste, *die* auf der Straße zurückgelassen worden ist, ist wichtig."
2. Notübersetzung: „Die auf der Straße zurückgelassene Kiste ist wichtig."

Wenn also die Übersetzung eines PC durch einen adverbialen Gliedsatz nicht möglich bzw. sinnvoll ist, kannst du auch mit einem Relativsatz übersetzen oder das Partizip als Notübersetzung wörtlich wiedergeben.

Auf einen Blick: das Participium coniunctum mit PPP

1. Als PC bezeichnet man ein **Partizip**, das mit einem Beziehungswort durch KNG-Kongruenz verbunden ist.
2. Ist das „Verbundene Partizip" ein **PPP** (Partizip Perfekt Passiv), so liegt die Handlung, von der im Partizip die Rede ist, vor der Handlung im Prädikat (**Vorzeitigkeit**).
3. Ein (**adverbial gebrauchtes**) **PC** erklärt den Hintergrund der Handlung im Prädikat näher. Übersetzungsmöglichkeiten: als Kausalsatz (*weil*), als Konzessivsatz (*obwohl*) oder als Temporalsatz (*nachdem/als*).
   Die adverbiale Verwendung des PC ist die häufigste!
4. Ein (**attributiv gebrauchtes**) **PC** erklärt sein Beziehungswort näher. Übersetzungsmöglichkeiten: als Relativsatz oder wörtlich (aber nur als „Notlösung"!)
   Die attributive Verwendung des PC kommt nur selten vor! Deshalb kommt eine Übersetzung mit Relativsatz oder wörtliche Übersetzung nur dann in Frage, wenn alle Möglichkeiten des adverbialen Gliedsatzes ausgeschlossen werden können!
5. Die sinnvollste Übersetzungsart eines PC musst du jeweils aus dem Zusammenhang (Kontext) erschließen.

Übungen zum Participium coniunctum mit PPP

1. Traumpärchen

Bilde aus den Substantiven und den Partizipien kongruente Paare. Notiere mindestens zehn Paare. Mehr ist natürlich auch erlaubt!

1. amicae	a) amatae
2. adulescentem	b) expugnatum
3. bestias	c) victis (von vincere!)
4. carmina	d) vulneratum
5. dominarum	e) captas (von capere!)
6. (cum) equis	f) ductis
7. fratri	g) desideratae
8. pueros	h) vexati
9. homines	i) scripta (von scribere!)
10. libertatis	j) pulsarum (von pellere!)
11. oppidum	k) cultis (von colere!)
12. imperatoribus	l) laudato

2. Auf die Sinnrichtung kommt es an!

Setze hinter jede der Übersetzungsarten ein (+), ein (++) oder ein (–), je nachdem wie sinnvoll sie dir erscheint.

Als der Möbelwagen mit Rick verschwunden ist, kann Clara ihre Tränen nicht mehr zurückhalten. Teilnahmsvoll fragt Linus seine Freundin, was los sei …

Clara a Lino amico interrogata respondet: …

a) Nachdem Clara von ihrem Freund Linus gefragt worden ist, antwortet sie: …	
b) Weil Clara von ihrem Freund Linus gefragt worden ist, antwortet sie: …	
c) Obwohl Clara von ihrem Freund Linus gefragt worden ist, antwortet sie: …	
d) Clara, die von ihrem Freund Linus gefragt worden ist, antwortet: …	

3. Das Trojanische Pferd – enthält Partizipien!

Im lateinischen Text fehlen die Partizipien. Sie sind im hölzernen Pferd, stehen aber alle noch im Nom. Sing. *m.*! Setze jeweils ein PC mit KNG-Kongruenz in jede Lücke ein! Die deutsche Übersetzung hilft dir bei der Arbeit.

Tipp: Überprüfe zuerst anhand der deutschen Übersetzung, wo sich das Beziehungswort zum PC befindet und in welchem Kasus, Numerus und Genus es steht. Dann setze das passende lateinische Partizip in die kongruente Form!

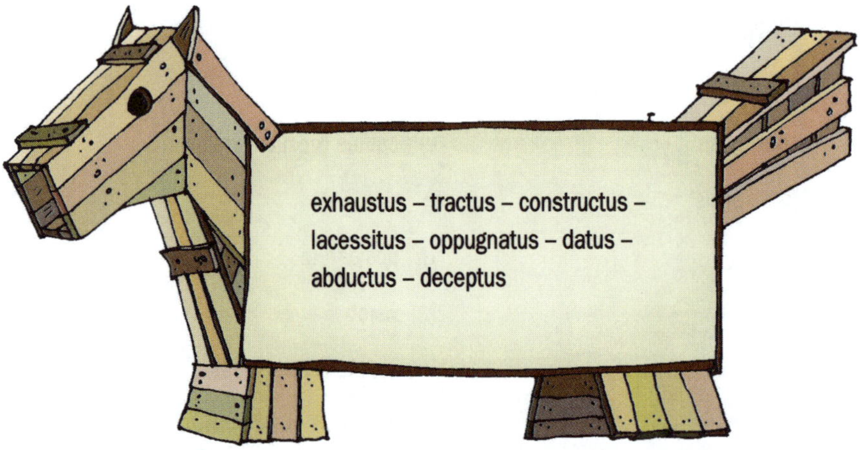

1. Graeci a Troianis ________ decem annos bellum terribile cum eis gerebant.	1. Nachdem die Griechen von den Trojanern gereizt worden waren, führten sie zehn Jahre lang einen schrecklichen Krieg gegen sie.
2. Causa belli erat Helena Graeca e patria in Troiam ________ ________	2. Der Auslöser dieses Krieges war die Griechin Helena, die aus ihrer Heimat nach Troja entführt worden war.
3. Sed Troia a copiis Graecorum diu ________ expugnari non potuit.	3. Aber Troja konnte, obwohl es von den Truppen der Griechen lange Zeit bestürmt worden war, nicht eingenommen werden.

4. Tandem Graeci bello ________ dolum adhibuerunt: Equum ligneum magno cum studio ________ ante portas Troiae deposuerunt.	4. Schließlich wandten die Griechen, weil sie durch den Krieg erschöpft waren, eine List an: Nachdem sie mit großer Mühe ein hölzernes Pferd erbaut hatten, stellten sie es vor die Tore Trojas.
5. Nonnulli Troiani dolo Graecorum ________ monuerunt: „Donum a deis nobis ________ in oppidum trahere debemus, amici!“	5. Einige Trojaner mahnten, weil sie durch die List der Griechen getäuscht worden waren: „Wir müssen das Geschenk, das uns von den Göttern gegeben wurde, in die Stadt ziehen, Freunde!“
6. Sed ex equo a Troianis in oppidum ________ clam milites Graecorum descenderunt.	6. Aber heimlich krochen die Soldaten der Griechen aus dem Pferd, nachdem es von den Trojanern in die Stadt gezogen worden war.

4. Mit der Klammertechnik zur richtigen Übersetzung

Erinnerst du dich noch an die sechs Arbeitsschritte der Klammertechnik (S. 92/93)? Hier kannst du sie erproben! Du wirst merken, wie sehr diese Technik dir die Übersetzung erleichtert. Setze die Klammern in den Text und notiere die Übersetzung in dein Heft!

Carthaginienses bello Punico secundo a Romanis superati a victoribus iterum atque iterum ad novum bellum lacessiti sunt. Nam multi senatores Romani aut invidia aut timore commoti Carthaginem delere cupiebant.
Incolae Carthaginis magno timore affecti arma navesque Romanis tradiderunt. Frustra autem Romani Carthaginienses urbem relinquere iusserunt.
Tandem Carthago multos annos magna cum fortitudine a viris feminisque defensa a militibus Romanis incensa est. Ultimus dies urbis a Romanis diu oppugnatae venit. Tum Roma domina orbis terrarum erat.

Two in one (II)

Das Participium coniunctum mit PPA

Mittlerweile hat Rigorosus sich in der neuen Stadt eingelebt …

Two in two:

1. Rigorosus amicos novos quaerit. ➜ Rigorosus sucht neue Freunde.
2. Rigorosus saepe domum relinquit. ➜ Rigorosus verlässt oft das Haus.

Two in one:

Rigorosus **amicos novos quaerens** saepe domum relinquit.

Und so lässt sich ein PC mit Partizip Präsens Aktiv übersetzen:
Weil Rick neue Freunde sucht, verlässt er oft das Haus.

Ist dir aufgefallen, was sich **verändert** hat? Anstelle des PPP findest du nun ein Partizip Präsens Aktiv (PPA). Auch dieser Name ist vielsagend!

P steht für **Partizip**	Ein Partizip ist eine von einem Verb abgeleitete Form, die – wie ein Adjektiv! – deklinierbar ist. Auch ein PPA ist kongruent zu seinem Beziehungswort!
P steht für **Präsens**	Ein PPA drückt immer einen Vorgang aus, der **gleichzeitig** zur Handlung im Prädikat abläuft. (vgl. S. 56: Infinitiv Präsens im AcI!)
A steht für **Aktiv**	Die Person, deren Handlung im PPA beschrieben wird, handelt selbst – sie wird **aktiv**!

Ist dir auch aufgefallen, was sich nicht verändert hat? Richtig – die **Übersetzungsmöglichkeiten**! Du kennst sie bereits vom PPP (s. S. 90–94):

→ Kausalsatz (Rigorosus quaerens ... = **Weil** Rick sucht ...)
→ Konzessivsatz (Rigorosus quaerens ... = **Obwohl** Rick sucht ...)
→ Temporalsatz (Rigorosus quaerens ... = **Während** Rick sucht ...)

Vorsicht! Wegen der Gleichzeitigkeit des PPA darf im Temporalsatz nur mit „während / als" übersetzt werden!

Natürlich machen der Temporalsatz und der Konzessivsatz bei unserem Beispiel wenig Sinn – aber auch das kennst du ja bereits vom PPP: Dein Fingerspitzengefühl für die treffendste Übersetzungsart ist gesucht!

Und noch etwas ist wie beim PC mit Partizip Perfekt Passiv: Der **Relativsatz** (Rick, *der* neue Freunde sucht, verlässt oft das Haus.) kommt sehr selten vor. Gebrauche ihn deshalb nur, wenn keine der Möglichkeiten für einen adverbialen Gliedsatz Sinn ergibt!

Rigorosus **domum relinquens** amicos novos invenit.
Indem Rick das Haus verlässt, findet er neue Freunde.

Diese (nur beim PPA mögliche!) Übersetzungsart bezeichnet man als **Modalsatz** (Rigorosus relinquens ... = **Indem** Rick verlässt ...).

Die Formen des PPA

Übung – Du bist sofort dran!

Setze die fehlenden Formen in die Papyri ein. Beachte dabei den Tipp von Corax.

PPA – PAPYRUS

Singular

	m./f.	**n.**
Nom.	vocā – ns	vocā – ns
Gen.	voca – nt – is	
Dat.		
Akk.		vocā – ns
Abl.	voca – nt – e	

PPA – PAPYRUS

Plural

	m./f.	**n.**
Nom.		voca – nt – ia
Gen.		voca – nt – ium
Dat.	voca – nt – ibus	
Akk.	voca – nt – ēs	
Abl.		

Man bildet ein PPA, indem man an den Präsensstamm eines Verbes das PPA-Kennzeichen **-nt-** und die jeweilige Kasusendung anhängt. (Das **-ns** im Nominativ ist aus einem **-nts** entstanden!)

Bei einigen Konjugationen ist der Stamm noch mit einem zusätzlichen **-e-** erweitert!
Das PPA sieht in den einzelnen Konjugationen also so aus:

a-Konj.:	laudāre	➜	laudā-**ns**,	lauda-**nt**-is, ...
e-Konj.:	monēre	➜	monē-**ns**,	mone-**nt**-is, ...
ī-Konj.:	audīre	➜	audi-ē-**ns**,	audi-e-**nt**-is, ...
Kons. Konj.:	dūcere	➜	dūc-ē-**ns**,	dūc-e-**nt**-is, ...
Kurz-i-Konj.:	capere	➜	capi-ē-**ns**,	capi-e-**nt**-is, ...

Tipp: Damit du PPA und PPP auf keinen Fall verwechselst, präge dir die folgenden Lernhilfen ein:

lauda-ns ist ein Partizip **Präse-ns** Aktiv

lauda-t-us ist ein Partizip **Perfek-t** Passiv

Zu guter Letzt: Participium coniunctum mit PFA

Neben PPP und PPA gibt es ein drittes Partizip: das Partizip Futur Aktiv (PFA). Die Formen des PFA ähneln stark den Formen des PPP, denn sie enthalten denselben Wortstamm und haben dieselben Endungen:

PPP	PFA
laudāt-us, a, um	laudāt-**ūr**-us, a, um
duct-us, a, um	duct-**ūr**-us, a, um
trāct-us, a, um	trāct-**ūr**-us, a, um

Beim PFA gilt:

P steht für **P**artizip	Auch ein PFA ist kongruent zu seinem Beziehungswort!
F steht für **F**utur	Die im PFA dargestellte Handlung liegt in der Zukunft; sie ist also nachzeitig! Oft drückt das PFA eine Absicht aus.
A steht für **A**ktiv	Das dürfte klar sein!

Und so kann man ein PFA übersetzen:

Rigorosus **amicos novos inventurus** saepe domum relinquit.

- **Um** neue Freunde **zu** finden, verlässt Rick oft das Haus.
- **Damit** Rick neue Freunde findet, verlässt er oft das Haus.

Diese (nur beim PFA mögliche!) Übersetzungsart bezeichnet man als **Finalsatz** (*um zu …, damit …*).

Auf einen Blick: das Participium coniunctum mit PPA oder PFA

1. Auch ein **PPA** und ein **PFA** sind mit ihrem Beziehungswort durch KNG-Kongruenz verbunden.
2. Die Handlung, von der in einem PPA oder PFA die Rede ist, läuft **aktiv** ab.
3. Ein durch ein **PPA** beschriebenes Geschehen verläuft gleichzeitig zur Handlung im Prädikat (**Gleichzeitigkeit**).
4. Ein **PFA** zeigt an, dass ein Geschehen zeitlich nach dem des Prädikates stattfinden wird oder soll (**Nachzeitigkeit**).
5. Die **Übersetzungsmöglichkeiten** eines PPA oder PFA entsprechen im Wesentlichen denen eines PPP. Am häufigsten ist die Übersetzung mit einem adverbialen Gliedsatz:
   - Temporalsatz
   - Kausalsatz
   - Konsekutivsatz
   - Relativsatz (in Ausnahmefällen)

   Abweichend von den Übersetzungsarten für das PPP gilt:
   - nur beim PPA (!): Temporalsatz: *während / als*; Modalsatz: *indem*
   - nur beim PFA (!): Finalsatz: *um zu / damit*

Übungen zum PC mit PPA und PFA

1. Zum Einstieg nur Partizipien für die a-Konjugation!
Übertrage die Tabelle in dein Heft und ergänze die fehlenden Formen.
Achte auf die Kasus! Bei mehreren möglichen Lösungen entscheide dich für eine!

Infinitiv	**PPA**	**PPP**	**PFA**
dare		datis	
			delectaturos
	monstrantem		
		clamatae	
	appellantibus		
		monstrato	
			amaturus
	temptans		

2. Und nun die Partizipien der anderen Konjugationen!
Übertrage auch diese Tabelle in dein Heft und setze die kongruenten Partizipien unter die angegebenen Nomen.
(* bedeutet: Achtung besondere Stammform! Schau dir also das PPP in einer Stammformentabelle oder im Vokabelverzeichnis an!)

Infinitiv	**PPA**	**PPP**	**PFA**
videre	mater	patri *	liberos *
sentire	hominem	doloris *	puellam *
rapere	puerorum	dona *	sorores *
relinquere	militibus	Roma *	incolae *(m. Pl.!)* *
delere	montis	aedificium	militem

3. Buchstabensalat!

Hier sind Partizipien in allen Kasus (vorwärts oder rückwärts gelesen!) der folgenden 14 Verben versteckt:

Finde die Partizipien heraus, übertrage sie in dein Heft und bestimme sie vollständig (KNG).

Tipp: Achte auf die typischen Buchstabenkombinationen beim PPA/PFA!

E	M	F	P	V	S	A	B	L	U	E	X	A	S	S	C	E	B	U	D
T	H	B	M	O	C	G	E	S	A	O	T	E	B	U	D	O	M	Z	E
H	S	I	R	P	I	T	N	E	I	N	E	V	Z	E	L	A	M	Q	I
I	I	D	Z	I	E	U	E	Q	R	Z	H	C	A	L	O	B	C	U	G
F	O	Y	B	A	N	E	D	L	U	U	E	H	D	Z	O	Y	B	N	L
G	E	D	M	U	S	U	B	I	T	N	E	D	E	C	C	A	D	O	A
M	U	I	T	N	E	I	D	U	A	E	I	M	U	H	H	G	E	M	A
A	D	O	M	A	B	M	U	B	S	Z	H	C	A	L	O	B	H	D	I
N	G	E	M	M	O	C	G	E	U	O	Y	B	V	E	I	M	U	F	S
A	N	T	B	A	O	Y	B	N	C	A	P	T	U	R	O	S	B	A	I
L	E	G	O	D	O	M	I	S	C	I	P	U	L	G	E	M	U	H	R
E	T	N	E	I	C	I	F	F	A	M	E	T	N	E	D	I	R	L	U
Z	O	T	E	B	U	D	O	M	Z	H	S	B	E	E	I	E	I	H	S
B	H	Q	D	O	M	O	V	B	A	A	S	A	R	U	T	C	I	V	S
M	L	I	B	A	H	M	U	E	S	P	E	R	A	N	T	E	S	L	I
I	M	U	C	I	G	E	M	S	C	R	I	P	T	U	R	A	R	U	M
E	D	Z	H	C	A	L	O	B	I	E	F	L	O	Y	B	A	Y	X	F

4. Eine tragische Liebe!

1. Suche alle Partizipien und ihre Beziehungswörter aus dem folgenden lateinischen Text heraus und notiere sie in dein Heft (Du musst auf 13 Formen kommen!). Bedenke, dass alle drei Arten von Partizipien vorkommen können! Verfahre folgendermaßen:

viventes (Z. 1) = PPA zu vivere (leben): Nom. oder Akk. Pl. *m./f.*
Beziehungswort ist bestiae ➔ viventes = Nom. Pl. *f.*

2. Vergleiche deine Ergebnisse mit den Angaben im Lösungsteil. Dann übersetze den Text mit Hilfe der Klammertechnik. Nutze dabei auch deine Erkenntnisse aus Aufgabenteil 1.

Homines serpentes timent, nam **bestiae** in herbis densis **viventes** saepe periculosae sunt. Aliquando nonnullae virgines lusurae et flores collecturae in pratum pulchrum venerunt. Inter quas Eurydica, virgo magnae pulchritudinis, erat. Virgo serpentem in herba latentem non vidit et a bestia vulnerata de vita decessit.

Orpheus, maritus Eurydicae, uxorem valde desiderans consilium cepit: In Tartarum descendit Eurydicam repetiturus.

Et ecce! Dulciter lyrā cantans animos Plutonis Proserpinaeque Tartarum regentium movit. Qui carminibus iuvenis commoti dixerunt: „Eurydicam tibi uxorem valde amanti reddemus (= Futur I). Sed ne oculos in uxorem post te ambulantem verteris (ne ... verteris: wende nicht), dum in Tartaro estis!“

Nonne finis eius fabulae de viro nimis amante tibi nota est?

Völlig losgelöst

Der Ablativus absolutus

Das kennst du schon:[1]

Epistulam Akk.-O	a Rigoroso <u>missam</u>	Clara S	statim	legit. P

Nachdem ein Brief von Rigorosus geschickt worden ist, liest Clara ihn sofort.

Genau, es geht um ein Participium coniunctum! Das PC ist an ein Satzglied angebunden und steht deshalb zu ihm in KNG-Kongruenz. Das Satzglied ist für den Satz unverzichtbar.

Neu: der Ablativus absolutus (mit PPP)

Epistulā lectā **Abl. abs.**	Clara S	amicum Akk.-O	valde	desiderat P

Auch hier gibt es ein Partizip (lecta = PPP zu legere) und ein kongruentes Beziehungswort (epistula). Sie stehen beide im **Ablativ**.
Diese Einheit ist aber von dem Satz losgelöst, weil der Satz (anders als beim PC) auch ohne dieses Partizip und Beziehungswort vollständig ist:

Clara vermisst ihren Freund sehr.	Wann? Aha: Nachdem sie den Brief gelesen hat!
↓	↓
Hauptaussage	Angabe der zeitlichen Umstände

[1] Tipp: Arbeite zuerst die Kapitel zum Participium coniunctum durch!

Übrigens: Weil diese Einheit losgelöst ist und im Ablativ steht, heißt sie **Ablativus absolutus** (= losgelöster Ablativ; von absolvere: loslösen).

Der Ablativus absolutus (Abl. abs.) informiert über die näheren Umstände der Haupthandlung (Wann – warum – trotz welcher Situation findet die Handlung statt?). Er nimmt im Satz also die Funktion einer **adverbialen Bestimmung** ein. Als einfachste Übersetzung bietet sich daher ein adverbialer Gliedsatz an.

Wichtig: das Sinnverhältnis
Wie beim Participium coniunctum ist auch beim Abl. abs. dein Fingerspitzengefühl notwendig, um das passende Sinnverhältnis zu finden:

Nuntio accepto ↓	Clara amicum valde desiderat. ↓
adverbiale Bestimmung	Hauptaussage

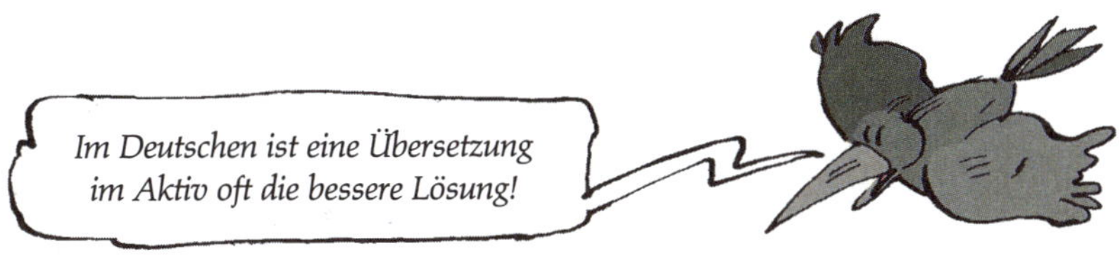

Nachdem sie eine Nachricht erhalten hat (wörtlich: nachdem eine Nachricht erhalten worden ist), sehnt sich Clara sehr nach ihrem Freund.	➜ Verständlich! Der Brief erinnert Clara an ihren Freund! Der **Temporalsatz** ist hier also eine mögliche Übersetzung.
Obwohl sie eine Nachricht erhalten hat, sehnt sich Clara sehr nach ihrem Freund.	➜ Auch das kann man sich vorstellen: Eine Nachricht ersetzt noch lange nicht die Gegenwart des Freundes! Der Abl. abs. kann hier also auch mit einem **Konzessivsatz** übersetzt werden.
Weil sie eine Nachricht erhalten hat, sehnt sich Clara sehr nach ihrem Freund.	➜ Wer weiß, was in dieser Nachricht steht? Vielleicht veranlasst Clara gerade dieser Brief, ihren Freund zu vermissen. Auch der **Kausalsatz** kann hier also sinnvoll sein.

Ablativus absolutus mit PPA

Natürlich gibt es den Ablativus absolutus auch mit einem Partizip Präsens Aktiv (PPA). Du erinnerst dich sicherlich: Das PPA drückt aus, dass die Handlung, von der im Abl. abs. die Rede ist, **aktiv** und **gleichzeitig** zum Prädikat der Hauptaussage verläuft.

Übung – Versuch es gleich selbst!

Suche den Abl. abs. (zu den Formen des PPA s. S. 100) und setze ihn in Klammern (denn er ist absolutus: losgelöst!). Übersetze nun die Hauptaussage. Füge dann die Übersetzung des Abl. abs. ein. Achte dabei auf den Sinn und das Zeitverhältnis!

1. (Epistula prima Rigorosi adveniente) amici laeti **sunt**.

Nachdem der erste Brief des Rigorosus angekommen ist sind die Freunde froh.

2. (Clara epistulam Rigorosi recitante) amici attenti **erant**.

Als Clara den Brief des Rigorosus ~~vorträgt~~ vorlaß, waren die Freunde aufmerksam.

In der Kürze liegt die Würze!

Oft kann ein Abl. abs. nicht nur durch einen adverbialen Gliedsatz, sondern auch durch einen kürzeren Präpositionalausdruck wiedergegeben werden. Zum Beispiel:

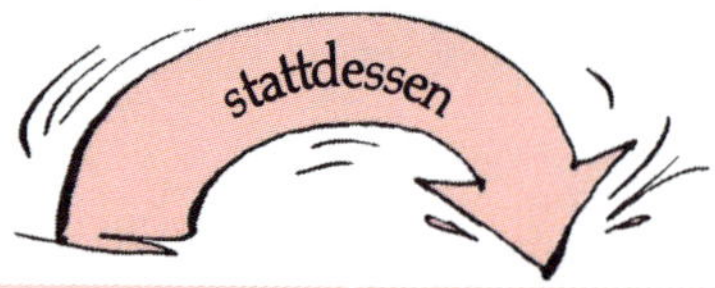

Gliedsatz	Präpositionalausdruck
• kausaler Gliedsatzes „Weil Clara traurig war, …“	Ausdruck mit der Präposition ***wegen / aufgrund*** „Aufgrund ihrer Traurigkeit …“
• konzessiver Gliedsatz „Obwohl Rigorosus umgezogen war, …“	Ausdruck mit der Präposition ***trotz*** „Trotz seines Umzugs …“
• gleichzeitiger temporaler Gliedsatz „Während / Als Clara den Brief vorlas, …“	Ausdruck mit der Präposition ***während*** „Während ihres Vorlesens …“
• vorzeitiger temporaler Gliedsatz „Nachdem / Als Clara den Brief geöffnet hatte, …“	Ausdruck mit der Präposition ***nach*** „Nach dem Öffnen des Briefes …“

„Participium verschwindicum“ – Ein Sonderfall des Abl. abs.

Augusto imperatore ... Caesare vivo ...

Zwei Nomen im Ablativ! Aber wo ist das Partizip? Ganz einfach: Bei dieser Art des Abl. abs. tritt an die Stelle des Partizips ein weiteres Nomen (imperator) oder ein Adjektiv (vivus = lebendig) im Ablativ. Ein Partizip fehlt, weil es in der lateinischen Sprache kein Partizip von esse gibt!

Augusto imperatore ... Als Augustus Herrscher war, ...
oder (besser!): Unter der Herrschaft des Augustus ...

Übung – Jetzt bist du dran!

Übersetze den Abl. abs. Caesare vivo wie im Beispiel oben:

Übersetzung mit Gliedsatz:

Als Caesar lebte.

Übersetzung mit Präpositionalausdruck:

Zu Caesars Lebzeiten.

Weitere Nomina oder Adjektive, die häufig zur Bildung eines solchen besonderen Abl. abs. verwendet werden, sind z. B.:

amico duce = unter der Führung des Freundes
Cicerone consule = unter dem Konsulat Ciceros
magistro auctore = auf Veranlassung des Lehrers
me invito = gegen meinen Willen

Tipp: Lerne diese Ausdrücke wie feste Vokabeln auswendig!

Übung – Du bist noch einmal an der Reihe!

Versuch es mit dem „Participium verschwindicum“ Caesare Ciceroneque vivis (Achte auf den Numerus!)

Übersetzung mit Gliedsatz:

Als Caesar und Cicero lebten.

Übersetzung mit Präpositionalausdruck:

Zu Caesars und Ciceros Lebzeiten.

Auf einen Blick: der Ablativus Absolutus (Abl. abs.)

1. Als Abl. abs. bezeichnet man eine sprachliche Einheit, die aus einem **Nomen** im **Ablativ** und einem **Partizip** im **Ablativ** besteht.
2. Diese Einheit ist nicht mit einem Satzteil der Hauptaussage in KNG verbunden, sondern **losgelöst** (= absolutus).
3. Ist das im Abl. abs. enthaltene Partizip ein **PPA**, so verläuft die dargestellte Handlung im **Aktiv** und **gleichzeitig** zur Hauptaussage (vgl. PC). Ist das im Abl. abs. enthaltene Partizip ein **PPP**, so verläuft die dargestellte Handlung im **Passiv** und **vorzeitig** zur Hauptaussage (vgl. PC).
4. Da der Abl. abs. im Satz die Aufgabe der adverbialen Bestimmung einnimmt, kann er mit einem **adverbialen Gliedsatz** übersetzt werden, z. B. temporal (*während, als, nachdem*), kausal (*weil*), konzessiv (*obwohl*).
5. Häufig kann der adverbiale Gliedsatz durch einen **präpositionalen Ausdruck** ersetzt werden (*wegen, aufgrund, trotz, nach, während*).
6. Einige Abl. abs. („Participium Verschwindicum") enthalten **kein Partizip**, sondern zwei Nomina im Ablativ (z. B. Cicerone consule). Diese Sonderform **(nominaler Abl. abs.)** lässt sich am besten mit einem **Präpositionalausdruck** übersetzen („unter dem Konsulat Ciceros"). Lerne diese nominalen Wendungen wie feste Vokabeln auswendig.

Nachdem der Ablativus absolutus verstanden worden ist, mache ich nun eine Pause.

Übungen zum Ablativus absolutus

1. Gut getarnt – und doch entdeckt!

Pro Zeile hat sich mindestens ein Wort (Nomen, Adjektiv oder Verbform) eingeschlichen, das in dieser Form nicht Bestandteil eines Abl. abs. sein kann. Kennzeichne den/die Irrläufer!

1. adhibente – cadentia – facientibus – postulantis – exclamante
2. narratis – nuntiato – observata – superatis – vocati
3. auditis – facientibus – portanti – narrata – amante
4. consulis – mortuis – praesentis – invitis – nesciis – ducis
5. urbis – templa – auctore – salutantis – observato
6. nos – me – vobis – te – ego – nobis

2. Anschluss gesucht!

Jedes Nomen im Ablativ sucht ein Partizip im Ablativ, damit ein sinnvoller Abl. abs. entsteht. Trage die 14 Paare in die Liste ein. Achte dabei auf die KNG-Kongruenz. (Schau z.B. im Vokabelverzeichnis nach, welches Genus die Nomina haben!)

urbe – tabernis – te – leone – templis – bestiis – equo – gladiatore – oppido – magistris – arbore – senatoribus – nobis – tempore

laborante – capto – caesa – disputantibus – aedificatis – capta – clausis – audientibus – aedificato – currente – pugnante – laborantibus – fugiente – visis

urbe capta	gladiatore pugnante
tabernis clausis	oppido aedificato
te laborante	magistris laborantibus
leone capto	arbore caesa
templis aedificatis	senatoribus disputantibus
bestiis visis	nobis audientibus
equo currente	tempus figiente

3. Hokus pokus „Verschwindicus“

Bilde vier Wortpaare, die einen sinnvollen Abl. abs. ohne Partizip („Verschwindicus“) ergeben. Notiere sie in dein Heft und übersetze sie – wenn möglich – durch einen präpositionalen Ausdruck.

parentes	~~praesens~~
Cleopatra	auctor
~~magicus~~	vivus
liberi	invitus
Romulus	mortuus

4. Cave piratas! – „Hüte dich vor Piraten!“

Um die folgende Piraten-Story zu lesen, musst du „nur noch“ die Abl. abs. übersetzen! Gehe dabei in zwei Schritten vor:

a) Unterstreiche das Partizip und bestimme es (PPP oder PPA?). Dann kennzeichne durch einen Pfeil sein Beziehungswort.

b) Nun übersetze den Abl. abs. Denke dabei an die Art des Partizips! Bemühe dich um eine sprachlich gute Übersetzung. (Überlege z. B., ob ein Präpositionalausdruck sinnvoller sein könnte als ein adverbialer Gliedsatz.)

1. Nave Romana onerata … hissten die Matrosen die Segel und stachen in See.

2. His rebus factis

… nahm das römische Handelsschiff Kurs aufs offene Meer.

3. Aliena nave appropinquante

… dachte Lucius, der Kapitän, es handele sich ebenfalls um ein Handelsschiff.

4. Nautis alienis signo auxilium petentibus

… ließ Lucius das fremde Schiff backbord anlegen.

5. Insidiis non animadversis

… erlaubte er dem Kapitän des fremdes Schiffes an Bord zu kommen.

(Fortsetzung folgt!)

5. Als im Jahre 79 n. Chr. bei Pompeji der Vesuv ausbrach

Willkommen in der Abl. abs. Werkstatt! Im folgenden Text findest du einen Bestandteil des Abl. abs. bereits im Ablativ vor, nämlich das Beziehungswort. Den anderen Bestandteil, das Partizip, sollst du nun in KNG-Kongruenz dazusetzen.

a) Unterstreiche in allen Sätzen das Beziehungswort im Ablativ. Lass dich bei deiner Suche nach dem Beziehungswort von der Vokabelbedeutung des Partizips leiten!

b) Bilde zu jedem Beziehungswort das kongruente Partizip (PPA oder PPP).

c) Schau im Lösungsteil nach, ob du alle Formen richtig gebildest hast!

d) Und – erfolgreich gewesen? Nun trage die Übersetzung des Textes in dein Heft ein. Achte besonders auf eine stilistisch gelungene Übersetzung der Ablativi absoluti!

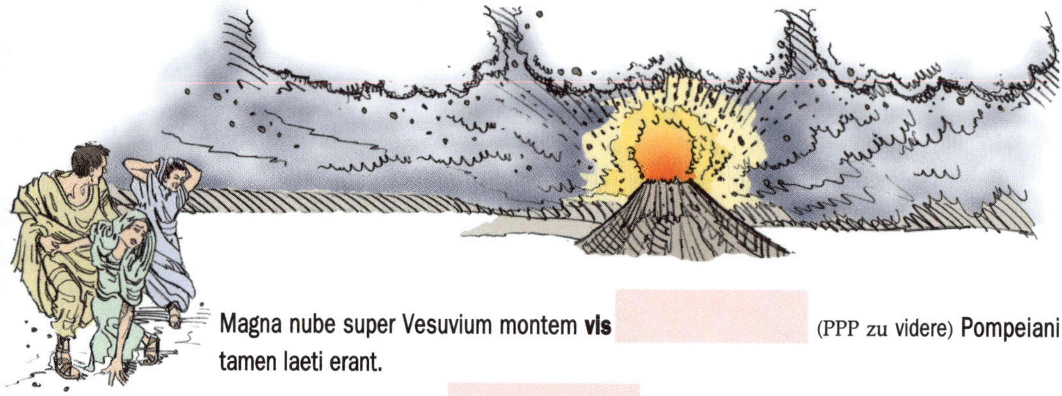

Magna nube super Vesuvium montem **vis** ________ (PPP zu videre) **Pompeiani tamen laeti erant.**

Magno periculo **immine** ________ (PPA zu imminere) homines in oppido sub monte sito manserant.

Tremore autem terrae **auct** ________ (PPP zu augere) incolae e domiciliis discedere studuerunt.

Sed sero erat: viris, feminis, liberis fuga salutem **pet** ________ (PPA zu petere) cinis lapidesque de caelo ceciderunt.

(Fortsetzung folgt!)

6. Ein Einblick in die Abenteuer des Odysseus (I)

Hier geht es um die Begegnung von Odysseus (lat.: Ulixes, -is!) mit dem einäugigen Riesen Polyphem und seinen Aufenthalt auf der Insel der Zauberin Circe. Bilde aus den Partizipien und Nomina sinnvolle Abl. abs. Die Nomina musst du dabei noch verändern. Ordne die Abl. abs. anschließend den beiden Abenteuern des Odysseus und seiner Gefährten zu.

oculus (Sing.)	commutatis
~~poculum~~ (Sing.)	amore Ulixis capta
Ulixes (Sing.)	sub ovibus latentibus
Polyphemus (Sing.)	~~accepto~~
nympha (Sing.)	restituta
socius (Pl.)	dormiente
species (Sing.) sociorum	usto
Graecus (Pl.)	remedium adhibente

Tipp: Falls du diese beiden Abenteuer des Odysseus nicht kennst, lies sie im Vokabelverzeichnis unter „Ulixes" nach!

Odysseus bei Polyphem	Odysseus bei Circe
1. poculo accepto	5.
2.	6.
3.	7.
4.	8.

7. Ein Einblick in die Abenteuer des Odysseus (II)

Der folgende Text berichtet von Odysseus' langer Heimreise nach dem Ende des Trojanischen Krieges und seiner Ankunft auf der Insel der Zauberin Circe. Unterstreiche die Abl. abs. und übersetze den Text in dein Heft.

Ulixes Troia exstincta in patriam profectus est. Ibi Penelope bello Troiano finito maritum iam longe exspectabat. Ulixes autem litore Troiae relicto cum sociis multa pericula videbat. Quodam die enim omni spe iam demissa sole occidente subito insulam vidit, ubi Circe ceteris hominibus in bestias immutatis sola cum animalibus vitam agebat.

Die in Schweine verwandelten Gefährten des Odysseus. Darstellung auf einer griechischen Vase.

Ich hoffe, dass ich gewinnen werde!

Die Nachzeitigkeit beim AcI

Linus: Spero me victurum esse.	Ich hoffe, dass ich gewinnen werde!
Clara: Puto certamen vehemens futurum esse.	Ich denke, dass der Wettkampf heftig sein wird!

Hier beschreibt der AcI eine Handlung, die in Zukunft erst eintreten wird. Es handelt sich um das Zeitverhältnis der **Nachzeitigkeit**.
Um die Nachzeitigkeit auszudrücken verwendet man den **Infinitiv Futur**.
Der **Infinitiv Futur Aktiv** besteht aus dem Partizip Futur Aktiv (s. S. 101) und esse, z. B.: vocaturum, -am, -um esse; victurum, -am, -um esse; futurum, -am, -um esse

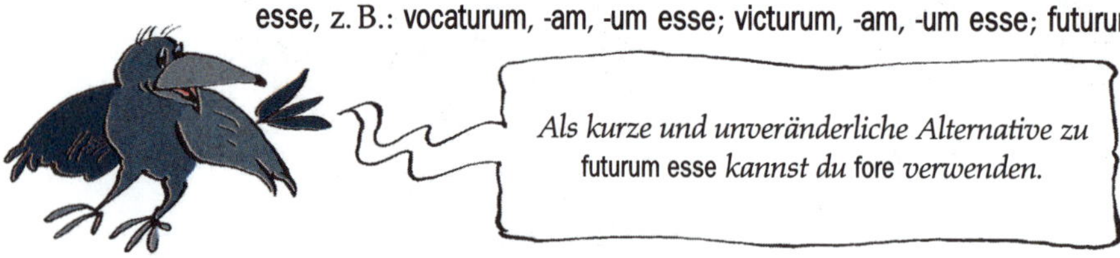

Auch hier gilt im AcI KNG-Kongruenz!

Linus:	Spero **me** victur**um** esse.
Clara:	Spero **me** victur**am** esse.
Linus et Clara:	Speramus **nos** victur**os** esse.

Übung – Jetzt bist du schon dran!

1. Unterstreiche den Infinitiv Futur und übersetze in dein Heft.

1. Clara sperat amicos venturos esse.
2. Linus putat se Claram superaturum esse.
3. Discipuli sperant magistrum contentum fore.
4. Spectatores senserunt Claram cursorem optimam futuram esse.
5. Linus autem sperabat se victorem fore.

2. Das Orakel des Linus.

Linus klärt Claudius über die zukünftige Bedeutung von Massenvergnügungen auf. Verwandle die Aussagen in den AcI und übersetze dann in dein Heft.

Linus Claudio haec dixit:

1. „Homines ludos amabunt."

Linus dixit homin_____ ludos _____ _____.

2. „Homines in Hispania tauros trucidabunt (niedermetzeln)."

Linus amico narrat _____ in Hispania tauros _____ _____.

3. „Germanus auriga (auriga,-ae *m.*: Rennfahrer) optimus erit."

Linus scit German_____ aurig_____ optim_____ _____ _____.

4. „Athletae (athleta,-ae *m.*) magnas divitias sibi parabunt."

Linus: Constat athlet_____ magnas divitias sibi _____ _____.

Wiederholung II

1. Subjunktionen im Gitter

Im Buchstabengitter sind Subjunktionen versteckt (waagerecht, senkrecht und diagonal). Suche sie, rahme sie ein und ordne sie den jeweiligen Sinnrichtungen zu!

A	L	D	E	N	T	A	I	M	G
E	A	U	S	Q	U	O	D	P	B
T	P	M	B	T	N	C	Q	R	F
I	O	Q	U	I	A	U	V	I	R
A	S	C	H	E	A	M	A	U	T
M	T	S	O	M	O	N	I	S	I
S	Q	R	Q	M	A	S	E	Q	A
I	U	U	S	U	O	I	V	U	M
G	A	I	Q	U	O	N	I	A	M
M	M	P	T	S	M	I	L	M	I

Anzahl der Subjunktionen:

Sinnrichtungen:

Temporalsatz

Kausalsatz

Konzessivsatz

Kondizionalsatz

2. Setze das passende Relativpronomen ein und übersetze anschließend in dein Heft!

1. Titus, ______ pater senator est, saepe in forum properat.
2. Is, ______ Iuliam exspectat, iam unam horam ante templum Vestae stat.
3. Tandem Iulia, ______ Tito placet, venit.
4. Nunc Titus cum Iulia, ______ valde amat, in foro ambulat.
5. Subito Titus amicos videt, ______ per vias ambulare solet.
6. Statim Titus, ______ eos convenire non vult (will), cum Iulia foro cedit.

3. Aeneas (1. Teil)
Erinnerst du dich noch an die Troja-Geschichte von S. 96?
Übersetze die Fortsetzung in dein Heft! Unterstreiche den relativischen Satzanschluss und das jeweilige Bezugswort rot!

1. Quis nescit Aeneam auctorem gentis Romanae fuisse?
2. De cuius vita Vergilius poeta nobis narrat.
3. Qui tradit Aeneam e Troia ardente fugisse.
4. Post multos annos Aeneas Carthaginem pervenit.
5. Quam urbem vix intraverat, cum Dido regina ei apparuit.

4. Aeneas (2. Teil)
Die Fortsetzung der Geschichte enthält Relativpronomina und relativische Satzanschlüsse. Übersetze in dein Heft!

1. Quae (= Dido) statim Troianum amavit.
2. Sed ab Aenea, qui voluntati deorum paruit, clam relicta est.
3. Is enim navigavit cum sociis in Italiam, cuius populos feroces postea superavit.
4. Ibi apud Cumas ad inferos descendit et Anchisem patrem convenit, a quo sua fata audivit.
5. Qui ei multa de viris claris urbis Romae narravit.

5. Bilde Partizipien!
Ergänze die fehlenden Formen. Achte dabei auf die Kasus!

Infinitiv	PPA	PPP	PFA
	sedens		
		conspectus	
	cognoscenti		
			prituri
		vulneratis	
	faciente		
			inventurus
		amissae	
		occisis	

6. Partizip-Roulette

Die Drehscheiben rotieren! Bewege sie so, dass jeweils ein Substantiv und ein Partizip zusammengehören. Achte auf KNG-Kongruenz und Sinn!

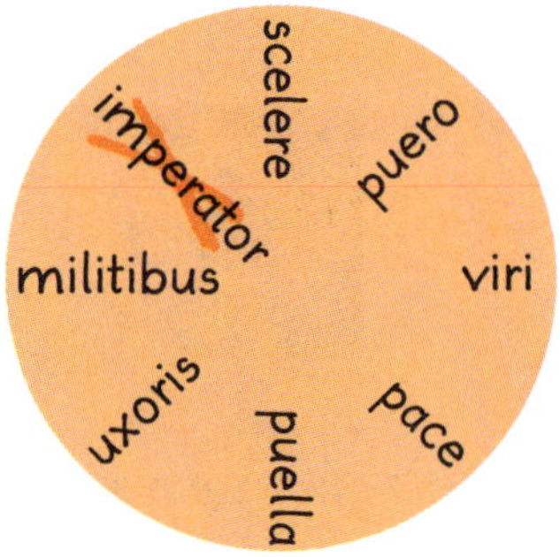

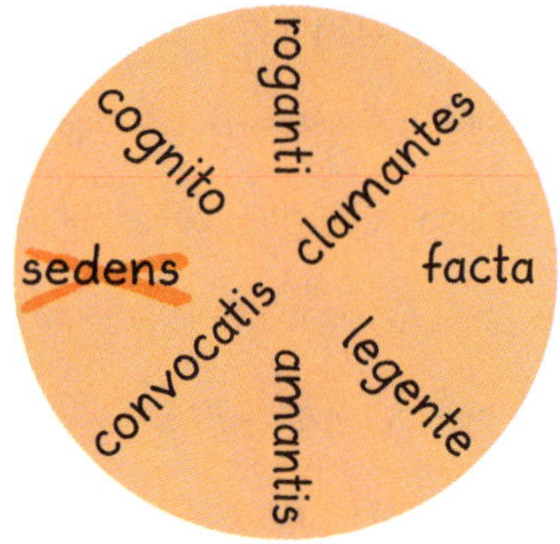

7. Da hat sich doch eine kleine Kuckucks-Form eingeschlichen!

Finde in jeder Zeile den Irrläufer und begründe.

1. consulente – contendente – consule – clamante
2. laeto – laudato – cognito – occiso
3. videnti – vocanti – venienti – venturi
4. brevi – tristi – roganti – mortali
5. providentes – possidentes – principes – procedentes

8. Partizipialkonstruktionen und nominale Wendungen, die immer wieder vorkommen. Lerne sie auswendig!

Übersetze in dein Heft und ordne anschließend nach Part. coni., Abl. abs. und Abl. abs. ohne Partizip!

ira commotus – oratione habita – bello confecto – Nerone imperatore – ab amico relictus – Hannibale duce – odio adductus – matre viva – hoc responso dato

Part. coni.	Abl. abs.	Abl. abs. ohne Partizip

9. Cave piratas! – „Hüte dich vor den Piraten!" (2. Teil)

Du erinnerst dich an die Piraten-Story von S. 112? Lies sie noch einmal durch! Gehe dann wieder in zwei Schritten vor:

a) Unterstreiche das Partizip und bestimme es (PPP oder PPA?). Dann kennzeichne durch einen Pfeil sein Beziehungswort.

b) Nun übersetze den Abl. abs. Denke dabei an die Art des Partizips!

1. Nullo piratis (Dat.!) resistente

… konnten diese in einem Blitzangriff das Handelsschiff entern.

2. Periculo cognito

… befahl Lucius seinen Leuten, zu den Waffen zu greifen.

3. Multis nautis vulneratis

… sah Lucius endlich ein, dass weiterer Widerstand zwecklos war.

4. Lucio irato invito

… plünderten die Piraten das gesamte Schiff.

10. Die Folgen des Vesuv-Ausbruchs (2. Teil)

Lies noch einmal die Anweisungen zur Übung 5 auf S. 113 durch und übersetze in dein Heft!

1. Multis domibus flammis iam deletis atque viis cinere lapidibusque iam tectis nonnulli homines litus petiverunt.

2. Mari tremoribus terrae excitato homines ne in litore quidem tuti erant.

3. Die novo incipiente tamen ubique nox erat. Oppido exstincto atque multis Pompeianis occisis Campania regio beata non iam erat.

11. Eine Liebesgeschichte frei nach Phaedrus

Übersetze in dein Heft. Klammere die Partizipialkonstruktionen ein.

1. Duo iuvenes unam virginem cupiebant.
2. Quamquam pauper divitem forma pulchra praestabat, tamen dives eum vicit.
3. Ubi dies nuptiarum advenit, pauper in hortum cucurrit, quia dolorem sustinere non poterat.
4. Dum maestus in horto sedet, pompa (pompa, -ae: der Hochzeitszug) ad eius tectum venit.
5. Asinus autem, qui pauperi quaestum deferre (Gewinn einbringen) solebat, prope portam stabat.
6. Postquam homines pompae illum asinum casu conduxerunt (conducere: mieten), caelum ventis Venere auctore motum est.
7. Dum socii timidi virginis praesidium fuga petunt, asinus tectum notum intravit.
8. Qui ubi magna voce se venisse indicavit, servi procurrerunt.
9. Puella pulchra conspecta domino id nuntiaverunt.

10. Ille autem inter nonnullos amicos sedens vino se implevit.
11. Quo nuntio delectatus est.
12. Baccho et Venere monentibus iuvenis statim nuptias inter plausus (plausus, -us: der Beifall) amicorum perfecit.
13. Interea parentes filiam quaesiverunt; dives autem coniuge amissa doluit.
14. Postquam populo nuntiatum est iuvenem pauperem puellam in matrimonium duxisse, omnes deis gratias egerunt.

12. Calvinus et Hobbes

Übersetze in dein Heft.

1. Calvinus et Hobbes bellum simulant.
2. Calvinus se defensorem libertatis, Hobbitem tyrannum odiosum fore pronuntiat.
3. Calvinus hoc esse bellum et Hobbite telo vulnerato se victurum esse dicit.
4. Postquam ambo eodem tempore de vita decesserunt, Calvinus hunc ludum stultum esse cognoscit.

Methodenboxen 3 & 4

... zu Spiel, Satz und Sieg!

Methodenbox 3: Übersetzen – leicht gemacht!

Hast du die Vokabeln bereits gelernt und das Baukastenprinzip der lateinischen Formen (Bedeutungsteil bzw. Stamm + Signalteil bzw. Endung) verstanden, dann hast du schon einen großen Schritt zum Verständnis eines lateinischen Texts geschafft! Der Rest ist leicht und stützt sich vor allem immer wieder auf diese beiden Säulen, die fest in deinem Kopf stehen sollten.
Für die Übersetzung eines ganzen Satzes besitzt du schon drei Fähigkeiten, deren bewusster Einsatz allerdings geübt sein will: den Prädikat-Suchdienst, den Subjekt-Lieferservice und die Endungs-Ampel!

1. Schritt: Dein Prädikat-Suchdienst

Sieh dir den Satz sorgfältig an und lass den Prädikat-Suchdienst alle Formen durch ein Sieb filtern, damit du das **Prädikat**, also den **Kern des Satzes**, erhältst.

Das probierst du am besten gleich aus! Filtere alle Wörter, die ein Prädikat sein können, aus den folgenden Häufchen heraus!

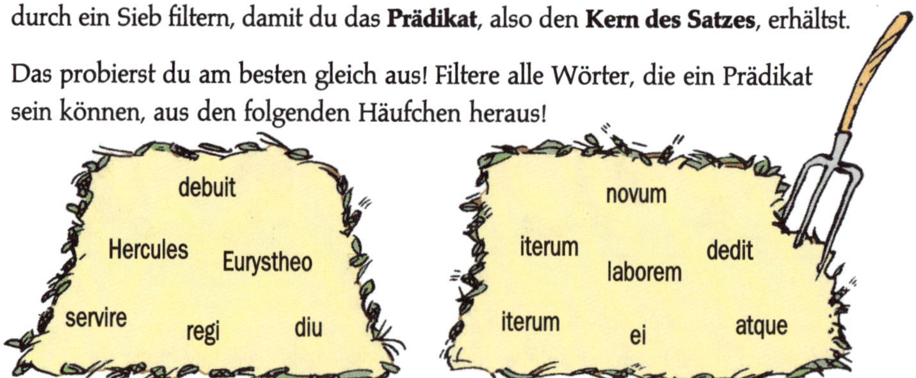

1. 2.

Das war nicht schwer, oder? Dein Prädikat-Suchdienst funktioniert immer, auch bei größeren Häufchen (und bei Sätzen dann erst recht!).

2. Schritt: Dein Subjekt-Lieferservice

Du versuchst als nächstes Element in deinem Satz das Subjekt zu finden.

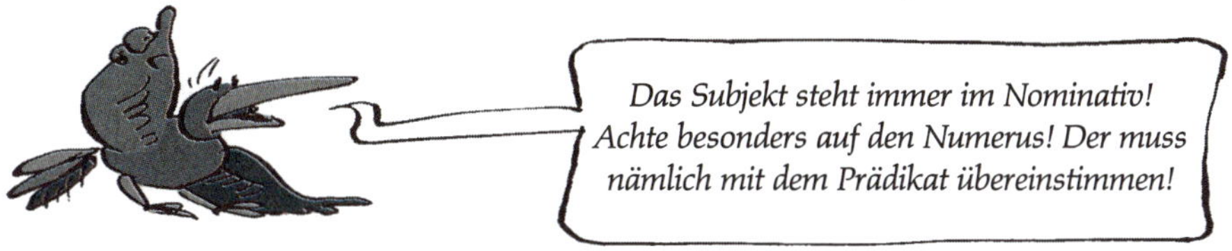

Unterstreiche nun mögliche Subjekte in den beiden Häufchen auf S. 124! Manchmal lässt sich in einem Satz kein Substantiv finden, das im Nominativ steht und zum Prädikat passt. Du weißt aber bereits aus dem Anfangsunterricht, dass das Subjekt auch ganz im Prädikat versteckt sein kann. (Dies war z. B. bei Häufchen 2 der Fall!)
Die Hauptaussage unserer beiden Sätze kennst du bereits. Für den Rest siehst du dir den Satz Wort für Wort an, wie er dort steht – und benutzt die Endungs-Ampel. Wie das geht, erfährst du hier:

3. Schritt: Deine Endungs-Ampel

Bleiben wir bei den Beispielen, die du bereits kennst, diesmal in geordneter Schreibweise:

1. **Hercules** regi Eurystheo diu servire **debebat.**
2. Iterum atque iterum ei novum laborem **dabat.**

Die Subjekte und Prädikate, die du herausgefunden hast, sind bereits fettgedruckt. Du **beginnst** deine Übersetzung mit dem **Subjekt** und **pendelst** zum **Prädikat** (das ist nötig, weil das Prädikat im Deutschen an zweiter Satzgliedstelle steht, während es sich im Lateinischen meist am Ende des Satzes befindet). Dann kannst du wieder **zurück zum Satzanfang pendeln** und meist in der Reihenfolge ins Deutsche übersetzen, wie es der lateinische Text vorgibt: am „Satzfaden" entlang. Nun **hältst du** bei jedem Wort **an** und überlegst, in welchem Kasus es steht bzw. was für eine Form es ist, z. B.:

Hercules regi Eurystheo diu servire **debebat.**

Herkules (*Pendelschwung*) musste (*Dativ von* rex, *König, also: wem?*) dem König (Eurystheus *ist ein Name, Kasus: Dativ, gehört somit zu* regi) Eurystheus (*im Deutschen werden Namen nicht dekliniert*) lange dienen.
Übersetze den zweiten Satz nach dieser Methode in dein Heft!

Denke daran, dass du bei einer Ampel **anhalten** musst! Das bedeutet auch: Übersetze nicht einfach drauflos! Du hast erst dann grünes Licht, wenn du jede Form sicher bestimmt hast und der Satz auch vom Kontext her Sinn ergibt.

Fasse kurz zusammen, wie du bei der Übersetzung vorgehen solltest:

Zunächst suche ich das ______, dann das ______. Ich beginne die Übersetzung mit dem ______, pendele zum ______ und übersetze schließlich am „Satzfaden" entlang, wobei ich bei jedem einzelnen Wort besonders auf die ______ achte!

Methodenbox 4: Übersetzen für Fortgeschrittene ...

Mittlerweile kennst du schon etwas kniffligere Satzkonstruktionen – die Verfahrensweise beim Übersetzen bleibt jedoch im Grunde gleich. Du schickst nur einige Spezialisten im Erschnüffeln von „grammatikalischen Leckerbissen" voraus, die dir den Satz zunächst gliedern. Und auch diese Spezialisten besitzt du schon: das Satzgefüge-Sortier-Team, die AcI-Spürnase und den PC-Erkennungsdienst!

Ermittlung 1 durch das Satzgefüge-Sortier-Team

Zunächst muss geklärt werden, wo im Satzgefüge sich Haupt- und Gliedsatz verstecken. Eine erste Hilfe ist es, zunächst alle **Einschübe** (erkennbar an den Kommas, aber auch an unterordnenden Konjunktionen, Relativpronomina oder Temporaladverbien) einfach **auszulassen**, damit der Hauptsatz erkennbar wird. Klammere an folgenden Beispielen die Einschübe mit einem Bleistift ein und kennzeichne den Hauptsatz. Erst dann übersetze in dein Heft!

1. Postquam Hercules, qui vir magnae audaciae erat, leonem terribilem necavit, homines valde gaudebant.
2. Nam leo, qui terribilis et crudelis erat, agros vastaverat et multos homines interfecerat.

Nicht alle Satzkonstruktionen, die im Deutschen meist einen Gliedsatz erfordern, sind im Lateinischen durch Kommas abgetrennt, hier müssen Spürnasen-Profis ran!

Ermittlung 2 durch die AcI-Spürnase

Rex Eurystheus iubet Herculem stabulam Augiae („des Augias") purgare.

Siehst du in deinem Satz ein **Verb des Wahrnehmens**, **Sagens**, **Meinens**, **Wissens**? Dann schnüffle ganz genau – wenn du in der Nähe auch noch einen **Infinitiv** findest, ist ein **Substantiv im Akkusativ** vermutlich auch nicht weit! Du weißt noch, dass du beim AcI auf das Zeitverhältnis achten musst, dass der Akkusativ zum Subjekt und der Infinitiv zum Prädikat deines deutschen „dass-Satzes" wird. Gefahr erkannt, Gefahr gebannt!

Oder versteckt sich da etwa ein weiterer „Geheimagent" im lateinischen Satz? Hier muss der **PC-Erkennungsdienst** tätig werden!

Ermittlung 3 durch den PC-Erkennungsdienst

Wenn du auf der Suche nach deinem Prädikat den Prädikat-Suchdienst eingeschaltet hast, kann es durchaus geschehen, dass der PC-Erkennungsdienst sich unversehens einmischt und dir bei der Gliederung des Satzes hilft. Probiere es selbst aus und kennzeichne Partizip und Bezugswort:

Hercules ab Eurystheo iussus stabulum Augiae uno die purgare debuit.

Sichere Kennzeichen für den „PC-Erkennungsdienst" sind folgende Fingerabdrücke: eine **Partizipialform** (dabei ist die Zeit zunächst nebensächlich) und ein **Substantiv, das im gleichen Kasus steht** wie die Partizipialform (welcher Kasus das ist, ist zunächst auch nebensächlich).
Oft tritt noch eine Erweiterung hinzu, die meist in der PC-Klammer steht (das gilt auch für den Abl. abs.!).
Gefahr ... gebannt? Klasse! Nun musst du einfach mit dem Prädikat-Suchdienst und den anderen Spezialisten fortfahren wie gehabt.

Zum Üben hier die Fortsetzung der Geschichte – und schalte die Spezialisten ein!

1. Postquam Hercules stabulum vidit, cognovit se tantam copiam stercoris (stercus, stercoris *n.*: Mist) manibus aut furca (furca, ae *f.*: Mistgabel) removere non posse.
2. Hercules autem hac re deliberata aliam viam invenit, quod fluvium viderat, qui prope stabulum fluebat.
3. Aquis fluminis in stabulum rectis Hercules laborem durum perficere potuit.
4. Ita homines eius regionis ab odore malo liberavit.

Geschafft! Nun können dir die Kniffligkeiten lateinischer Sätze erst einmal nichts mehr anhaben!

Auf Wiedersehen in Band 3!

Vokabelverzeichnis *(S. 1–11)*
Formentabellen *(S. 12–17)*
Lösungen *(S. 18–32)*

Vokabelverzeichnis

A

ā/ab *Präposition mit Abl.* von, von ... her
abdūcere, abdūcō, abdūxī, abductum wegführen
abesse, absum, āfuī abwesend sein, fehlen
abicere, abiciō, abiēcī, abiectum wegwerfen, aufgeben
abīre, abeō, abiī, abitum weggehen
accipere, accipiō, accēpī, acceptum erhalten, bekommen, erfahren
accūsāre anklagen, beschuldigen
ācer, ācris, ācre *Adjektiv* scharf, spitz, heftig, energisch
aciēs, aciēī *f.* Schlachtordnung, Schlachtreihe
ad Präposition mit *Akk.* zu, zu ... hin, an, bei, nach
addūcere, addūcō, addūxī, adductum heranführen, veranlassen
adesse, adsum, affuī *mit Dat.* anwesend sein; beistehen, helfen
adhibēre, adibeō, adhibuī, adhibitum anwenden, verwenden
adhūc *Adverb* bis jetzt, noch
adiuvāre, adiuvō, adiūvī, adiūtum *mit Akk.* helfen
adulēscēns, -ntis *m.* jung; *Subst.* junger Mann
advenīre, adveniō, advēnī, adventum ankommen
adversārius, -ī Gegner
aedificāre bauen, errichten
aedificium, -ī *n.* Gebäude
aegrōtus, -a, -um *Adjektiv* krank
Aenēās, -ae *m.* Äneas, trojanischer Held, Sohn des Anchises und der Venus, Stammvater der Römer
afficere, afficiō, affēcī, affectum *mit Abl.* erfüllen mit, versehen mit
Āfricānus, a, um *Adjektiv* afrikanisch
agere, agō, ēgī, āctum tun, machen, treiben, (ver)handeln
Agrippīna, -ae *f.* Mutter des Kaisers Nero; wurde von diesem vergiftet
Alcmēna, -ae *f.* Alkmene, Gattin des Herkules
Alexander, -drī *m.* Alexander der Große, König von Makedonien (336–323 v.Chr.)
aliēnus, -a, -um *Adjektiv* fremd
aliquandō *Adverb* einst, einstmals
aliquī, aliqua, aliquod *Adjektiv* (irgend)ein, (irgend)eine
alius, alia, aliud ein anderer, eine andere, ein anderes
altus, -a, -um *Adjektiv* hoch, tief
amāre lieben
ambulāre spazierengehen, wandeln
amīca, -ae *f.* Freundin
amīcus, -ī *m.* Freund, Fan
āmittere, āmittō, āmīsī, āmissum aufgeben, verlieren
ambō, ambae, ambō beide (zusammen)
amor, -ōris *m.* Liebe
amphitheātrum, -ī *n.* Amphitheater
Anchīsēs, -ae *m.* Anchises, Vater des Äneas
animadvertere, animadvertō, animadvertī, animadversum *mit AcI/Akk.* bemerken
animal, animālis *n.* Tier, Lebewesen
animus, -ī *m.* Geist, Seele, Mut
annus, -ī *m.* Jahr
ante *Präposition mit Akk.* vor
antequam *Subjunktion* bevor
antīquus, -a, -um *Adjektiv* alt, altertümlich
aperīre, aperiō, aperuī, apertum aufdecken, öffnen
appārēre, appāreō, appāruī *mit Dat.* (jem.) erscheinen
appāret *unpersönlich* es ist klar
appellāre nennen, anrufen
applaudere, applaudō, applausī, applausum Beifall klatschen
appropinquāre nahen, sich nähern
apud Präposition *mit Akk.* bei, nahe bei
arbor, -oris *f.* Baum
arcēre, arceō, arcuī abwehren, fernhalten
ārdēre, ārdeō, ārsī, ārsūrum brennen
arēna, -ae *f.* Arena, Stadion, Kampfplatz, Sand
argentum, -ī *n.* Silber, Geld
arma, -ōrum *n. Pl.* Waffen
artifex, artificis *m./f.* Künstler(in)
asinus, -ī *m.* Esel
Asterīx, Asterīgis *m.* Asterix, der berühmte gallische Held
attentus, -a, -um *Adjektiv* aufmerksam
auctor, -ōris *m./f.* Schriftsteller, Urheber, Gründer, Verfasser

audācia, -ae *f.* Kühnheit, Frechheit
audēre, audeō wagen, sich trauen
audīre, audiō, audīvī, audītum hören
augēre, augeō, auxī, auctum vergrößern, vermehren, verstärken (Pass.: zunehmen, wachsen, stärker werden)
Augiās, Augiae *m.* Augias, der König, dessen Ställe Herkules ausmisten musste
Augustus, -ī *m.* Augustus, erster röm. Kaiser (27 v. Chr. – 14 n. Chr.)
auris, auris *f.* Ohr
aut ... aut *Konjunktion* entweder ... oder
autem *Konjunktion* aber, andererseits
auxilium, auxiliī *n.* Hilfe, Unterstützung
auxiliō venīre zu Hilfe kommen
auxilium petere um Hilfe bitten
avus, -ī *m.* Großvater

B

Bacchus, -ī *m.* Bacchus, Gott des Weins und der Fruchtbarkeit
Bavāria, -ae *f.* Bayern
beātus, -a, -um *Adjektiv* selig, glücklich; reich
bellum, bellī *n.* Krieg
bellum gerere Krieg führen
bellum simulāre Krieg spielen
bene *Adverb* gut
beneficium, -ī *n.* Wohltat
bēstia, -ae *f.* das (wilde) Tier
bibere, bibō, bibī trinken
bonus, -a, -um *Adjektiv* gut
bōs, bovis *m./f.* Kuh, Ochse, Rind
brevis, breve *Adjektiv* kurz
brevī tempore nach kurzer Zeit, bald (darauf)
Britannicus, -ī *m.* Britannicus, Sohn des Kaisers Claudius, 55 v. Chr. von Nero vergiftet

C

cadere, cadō, cécidī, cāsum fallen
caedere, caedō, cecīdī, caesum niederschlagen, töten; fällen
caelum, -ī *n.* Himmel
Caesar, Caesaris *m.* Cäsar, röm. Feldherr und Politiker (100 – 44 v. Chr.)
callidus, -a, -um *Adjektiv* schlau, listig, gewandt
Calvīnus, -ī *m.* Calvin, Comic-Held, der zusammen mit seinem Kuscheltiger Hobbes viele Abenteuer besteht
Campānia, -ae *f.* Landschaft in Mittelitalien
campus, -ī *m.* Feld
canere, canō, cecinī, cantātum singen, besingen, (ein Instrument) spielen
cantāre singen
Cantorīx, Cantorīgis *m.* Cantorix, der Sänger im Dorf des Asterix (in der dt. Fassung: Troubadix)
capere, capiō, cēpī, captum fassen, nehmen, fangen, erhalten erobern
captīvus, -a, -um *Adjektiv* gefangen; *Subst.* Kriegsgefangener
carēre, careō, caruī *mit Abl.* entbehren, frei sein von, nicht haben
carmen, -minis *n.* Gedicht, Lied
Carthāginiēnsis, -e karthagisch; *Subst.* Karthager(in), Einwohner von Karthago
Carthāgō, -ginis *f.* Karthago, Stadt in Nordafrika
cāsus, -ūs Fall, Zufall
cāsū *m.* zufällig
Catullus, -ī *m.* Catull, röm. (Liebes-)Dichter (ca. 84 – 54 v. Chr.)
causa, -ae *f.* Grund, Sache, Ursache
cēdere, cēdō, cessī, cessum gehen, nachgeben, weichen
celebrāre feiern
celer, celeris, celere *Adjektiv* schnell
celeritās, -tātis *f.* Schnelligkeit
cēna, -ae *f.* Mahlzeit, Essen
cēnsēre, cēnseō, cēnsuī, cēnsum meinen; einschätzen
Cerberus, -ī *m.* Zerberus, der dreiköpfige Hund, der den Eingang zur Unterwelt bewacht
certāmen, certāminis *n.* Wettkampf, Kampf
certāre kämpfen, (wett)streiten
certus, -a, -um *Adjektiv* gewiss, sicher
certē *Adverb* gewiss, sicher
cēterī, -ae, -a die übrigen
Chrīstiānus, -a, -um *Adjektiv* christlich; *Subst.* Christ(in)
cibus, -ī *m.* Speise, Nahrung
Cicerō, -ōnis *m.* Cicero, röm. Schriftsteller und Politiker (106 – 43 v. Chr.)
cinēmatogrāpheum, -ī *n.* Kino
cinis, cineris *m.* Asche
Circē, Circae *f.* Kirke, mächtige Zauberin, die die Gefährten des Odysseus in Schweine verwandelte
circumdāre, circumdō, circumdedī, circumdatum umgeben
cista, -ae *f.* Kiste, Kasten
clādēs, clādis *f.* Niederlage, Verlust
clādem accipere *f.* eine Niederlage erleiden
clam *Adverb* heimlich
clāmāre rufen, schreien
clāmor, -ōris *m.* Geschrei, Lärm
Clāra, -ae *f.* Clara
clārus, -a, -um *Adjektiv* berühmt, hell, klar
claudere, claudō, clausī, clausum schließen, abschließen, einschließen
Claudius, -ī *m.* Claudius, röm. Kaiser (41 – 54 n. Chr.), der der Überlieferung nach nicht sehr intelligent gewesen sein soll
clēmēns, -ntis *Adjektiv* gnädig, mild

Cleopatra, -ae *f.* Kleopatra, letzte Königin von Ägypten, Geliebte Cäsars, beging 30 v. Chr. Selbstmord
cognōscere, cognōscō, cognōvī, cognitum erkennen, kennenlernen; *Perf.* kennen, wissen
colere, colō, coluī, cultum bewirtschaften, pflegen; verehren
colligere, colligō, collēgī, collēctum sammeln, versammeln
Colosseum, -ī *n.* Kolosseum, das Amphitheater in Rom
commovēre, commoveō, commōvī, commōtum bewegen, veranlassen
odiō commōtus von Hass getrieben
commūtāre verwandeln, ändern, verändern
comprehendere, comprehendō, comprehendī, comprehēnsum ergreifen, festnehmen, begreifen
condere, condō, condidī, conditum erbauen, gründen; verwahren, verbergen
cōnficere, cōnficiō, cōnfēcī, cōnfectum fertigmachen, beenden
coniūnx, coniugis *m./f.* Gatte, Gattin
cōnservāre bewahren, retten (vor)
cōnsilium, cōnsiliī Rat, Ratschlag, Plan, Beschluss, Beratung
cōnsilium capere *n.* einen Entschluss fassen
cōnspicere, cōnspiciō, cōnspexī, cōnspectum erblicken
cōnstat *unpersönlich* es ist bekannt, es steht fest
cōnstruere, cōnstruō, cōnstrūxī, cōnstrūctum bauen, errichten
cōnsul, cōnsulis *m.* Konsul, hoher römischer Beamter
cōnsulere, cōnsulō, cōnsuluī, cōnsultum *mit Dat.* sorgen für; *mit Akk.* um Rat fragen
contendere, contendō, contendī *mit AcI* behaupten; kämpfen, sich anstrengen; eilen
contentus, contenta, contentum *Adjektiv* zufrieden
convenīre, conveniō, convēnī, conventum *mit Akk.* besuchen, zusammenkommen (mit jem.), zusammenpassen (mit etw.)
convocāre versammeln, zusammenrufen
cōpia, -ae *f.* Menge, Möglichkeit, Vorrat; *Pl.* Truppen
corpus, corporis *n.* Körper, Leichnam
corrumpere, corrumpō, corrūpī, corruptum bestechen, verderben
crēdere, crēdō, crēdidī, crēditum glauben, anvertrauen
crepāre, crepō, crepuī, crepitum rasseln, klappern, klirren
crūdēlis, crūdēle *Adjektiv* grausam
crūdēliter *Adverb* grausam, auf grausame Weise
crūdēlitās, -tātis *f.* Grausamkeit
crustulum, crustulī *n.* Keks, Zuckerplätzchen
cum *Präposition mit Abl.* mit
cum *Subjunktion* als (plötzlich), (zu der Zeit) als, jedes Mal wenn
Cūmae, -ārum *f. Pl.* Cumae, Stadt in Kampanien, Sitz der Sibylle
cupere, cupiō, cupīvī, cupītum verlangen, wünschen, wollen
cūr? warum?
cūra, -ae *f.* Sorge, Pflege
currere, currō, cucurrī, cursum laufen, eilen
cursus, -ūs *m.* Lauf
custōdīre, custōdiō, custōdīvī, custōdītum bewachen, bewahren

D

Dāmoclēs, -is *m.* Damokles, Höfling des Tyrannen Dionysios, den er um seine Macht und seinen Reichtum beneidete
dare, dō, dedī, datum geben
dē *Präposition mit Abl.* von, von ... her(ab), über
dea, -ae *f.* Göttin
dēbēre, dēbeō, dēbuī, dēbitum müssen, sollen
nōn dēbēre nicht dürfen
dēcēdere, dēcēdō, dēcessī, dēcessum weggehen; sterben
dē vītā dēcēdere sterben, aus dem Leben scheiden
decem zehn
dēcernere, dēcernō, dēcrēvī, dēcrētum beschließen, entscheiden
dēcertāre bis zur Entscheidung kämpfen, um die Entscheidung kämpfen
decipere, decipiō, decēpī, dēceptum täuschen, betrügen, hintergehen
dēesse, dēsum, dēfuī fehlen, abwesend sein
dēfendere, dēfendō, dēfendī, dēfēnsum abwehren, verteidigen
dēfēnsor, dēfēnsōris *m.* Verteidiger, Beschützer
dēlectāre *mit Abl.* erfreuen (mit etw.), unterhalten
dēlēre, dēleō, dēlēvī, dēlētum zerstören, vernichten
dēmittere, dēmittō, dēmīsī, dēmissum hinabschicken, sinken lassen
spem dēmittere die Hoffnung aufgeben, sinken lassen
dēnsus, -a, -um *Adjektiv* dicht
dēnuō *Adverb* von neuem, noch einmal, wieder
dēpōnere, dēpōnō, dēposuī, dēpositum niederlegen, ablegen
dērīdēre, dērīsī, dērīsum auslachen, verspotten
dēscendere, dēscendō, dēscendī, dēscēnsum herabsteigen
dēscrībere, dēscrībō, dēscrīpsī, dēscrīptum beschreiben, aufschreiben
dēserere, dēserō, dēseruī, dēsertum im Stich lassen, verlassen
dēsīderāre *mit Akk.* sich sehnen nach, vermissen
dēspērāre verzweifeln, die Hoffnung aufgeben
deus, -ī *m.* Gott, Gottheit

dīcere, dīcō, dīxī, dictum sagen, sprechen
Dīdō, Dīdōnis *f.* Dido, Königin von Karthago, verliebte sich in den trojanischen Helden Äneas. Als dieser sie verließ, beging sie Selbstmord.
diēs, diēī *m.* Tag; *f.* Termin
diem fēstum agere einen Festtag feiern
diēs nātālis Geburtstag
diē novō am nächsten Tag
quōdam diē eines Tages
difficilis, difficile *Adjektiv* schwierig
Dionysius, -ī *m.* Dionysios, Tyrann der Stadt Syrakus auf Sizilien
discēdere, discēdō, discessī, discessum weggehen, verlassen, auseinandergehen
discere, discō, didicī lernen, erfahren
discipulus, -ī *m.* Schüler
disputāre erörtern, diskutieren
dissilīre, dissiliō, dissiluī zerplatzen, auseinanderspringen
diū *Adverb* lange, lange Zeit
diūtius länger
dīves, dīvitis *Adjektiv* reich
dīvitiae, -ārum *f. Pl.* Reichtum
docēre, doceō, docuī, doctum lehren, unterrichten
dolēre, doleō, doluī leiden, bedauern, traurig sein
dolor, -ōris *m.* Schmerz
dolus, -ī *m.* List, Täuschung
dolum adhibēre eine List anwenden
domicilium, -ī *n.* Wohnung, Wohnsitz, Haus
domina, -ae *f.* Herrin, Hausherrin, Dame
dominus, -ī *m.* Herr, Hausherr, Herrscher
domus, -ūs *f.* Haus
domum nach Hause, heim
dōnāre schenken
dōnum, -ī *n.* Geschenk
dormīre, dormiō, dormīvī schlafen
dubitāre zweifeln, zögern
dūcere, dūcō, dūxī, ductum ziehen, führen, meinen; *mit dopp. Akk.* ansehen als, halten für
dulcis, dulce *Adjektiv* angenehm, süß
dum *Subjunktion* während, solange, (so lange) bis
duo, duae, duo zwei
duodecim *Zahlwort* zwölf
dūrus, -a, -um *Adjektiv* hart, schwierig
dux, ducis *m./f.* Führer(in)

E

ē/ex *Präposition mit Abl.* aus, von ... her
ecce schau/schaut, sieh da/seht da!
ēducāre erziehen, belehren
effugere, effugiō, effūgī *mit Akk.* entfliehen, entkommen
egēre, egeō, eguī *mit Abl.* brauchen, benötigen, etw. nicht haben
ego *Pronomen* ich
emere, emō, ēmī, ēmptum nehmen, kaufen
ēminēre, ēmineō, ēminuī herausragen, hervortreten
enim *Konjunktion* nämlich
eōdem tempore zur selben Zeit
epistula, -ae *f.* Brief
equus, -ī *m.* Pferd
errāre irren, sich irren, herumirren
esse, sum, fuī sein, sich befinden
et *Konjunktion* und, auch
et ... et *Konjunktion* sowohl ... als auch
etiam *Adverb* auch, sogar
etiamsī *Subjunktion* auch wenn, wenn auch
Eurydica, -ae *f.* Eurydike, Gattin des Orpheus
Eurystheus, eī *m.* Eurystheus, König von Mykene, er legte Herkules auf Junos Befehl die zwölf Arbeiten auf.
ex/ē *Präposition mit Abl.* aus, von ... her
excitāre erregen, ermuntern, wecken
exclāmāre aufschreien, laut ausrufen
exemplum, -ī *n.* Beispiel, Vorbild
exercēre, exerceō, exercuī, exercitum üben, trainieren
exercitus, -ūs *m.* Heer
exhaustus, -a, -um *Adjektiv* erschöpft (*PPP von* exhaurīre)
expūgnāre erobern
exsistere, exsistō, exstitī sich zeigen, werden, hervortreten
exspectāre *mit Akk.* erwarten, warten (auf)
exstinguere, exstinguō, exstīnxī, exstīnctum auslöschen, vernichten

F

fābula, -ae *f.* Erzählung, Geschichte, Gerede
facere, faciō, fēcī, factum machen, tun, handeln; *mit dopp. Akk.* machen zu
faciēs, faciēī *f.* Gesicht, Antlitz
facinus, facinoris *n.* Handlung, Untat
fallere, fallō, fefellī täuschen, betrügen
fātum, -ī *n.* Schicksal, Götterspruch
Faustulus, -ī *m.* Faustulus, der Hirte, der die ausgesetzen Zwillinge Romulus und Remus fand und aufzog
fēlīx, fēlīcis *Adjektiv* glücklich, erfolgreich, glückbringend
fēmina, -ae *f.* Frau
ferōx, ferōcis *Adjektiv* wild, unbändig
fidēs, fideī *f.* Treue, Vertrauen
fīlia, -ae *f.* Tochter
fīlius, -ī *m.* Sohn
fīnīre, fīniō, fīnīvī, fīnītum beenden, aufhören, Schluss machen
fīnis, fīnis *m.* Ende, Grenze; Ziel, Zweck; *Pl.* Gebiet

flamma, -ae *f.* Feuer, Flamme
flōs, flōris *m.* Blume, Blüte
fluere, fluō, flūxī fließen
flūmen, flūminis *n.* Fluss
fluvius, -ī *m.* Fluss
fore *Kurzform von* futūrum esse
fōrma, -ae *f.* Gestalt, Form, Figur, Schönheit
fortāsse *Adverb* vielleicht
forte *Adverb* zufällig
fortis, forte *Adjektiv* stark, kräftig, tapfer
fortitūdō, -dinis *f.* Tapferkeit
forum, -ī *n.* Forum, Platz, Marktplatz
frāter, frātris *m.* Bruder
fraus, fraudis *f.* Betrug, Täuschung
frūstrā *Adverb* vergeblich
fuga, -ae *f.* Flucht
  fugā salūtem petere sein Heil in der Flucht suchen
fugere, fugiō, fūgī fliehen, entfliehen, flüchten, meiden
futūrus, -a, -um zukünftig

G

Gāius, -ī *m.* Gaius, röm. Vorname
Gallia, -ae *f.* Gallien
Gallus, -ī *m.* Gallier
gaudēre, gaudeō *mit Abl.* sich freuen (über etw.)
gaudium, -ī *n.* Freude
  gaudiō esse Freude bereiten
gēns, -ntis *f.* Stamm, Volk
gerere, gerō, gessī, gestum ausführen, führen, tragen
  bellum gerere Krieg führen
Germānus, -a, -um germanisch; *Subst.* Germane
gladiātor, -tōris *m.* Gladiator, Schwertkämpfer
gladius, -ī *m.* Schwert
Graecus, -a, -um *Adjektiv* griechisch; *Subst.* Grieche, Griechin
grātia, -ae *f.* Dank, Gefälligkeit; Ansehen, Beliebtheit
  grātiās agere danken
grātus, -a, -um *Adjektiv* dankbar, willkommen, beliebt
gravis, grave *Adjektiv* wichtig, schwer, schwerwiegend

H

habēre, habeō, habuī, habitum haben, halten, behandeln
habitāre wohnen
Hannibal, -alis *m.* karthagischer Feldherr, Feind der Römer
Helena, -ae *f.* Helena, der Sage nach die schönste Frau der Welt, Gattin des Königs Menelaos, vom Trojaner Paris entführt. Die Entführung war der Anlass zum Trojanischen Krieg.
herba, -ae *f.* Kraut, Gras, Pflanze
Herculēs, Herculis *m.* Herkules, griech. Held
herī *Adverb* gestern
hīc *Adverb* hier
hic, haec, hoc dieser, diese, dieses (hier)
Hispānia, -ae *f.* Spanien
Hobbes, Hobbitis *m.* Hobbes, Schmusetiger und Freund des Comic-Helden Calvin
hodiē *Adverb* heute
homō, hominis *m.* Mensch, Mann
hōra, -ae *f.* Stunde
hortus, -ī *m.* Garten
hūmānitās, -tātis *f.* Menschlichkeit; Bildung

I

iactāre schleudern, werfen
iam *Adverb* schon, gleich, jetzt, nun
  nōn iam nicht mehr
ibi *Adverb* dort
igitur also, folglich
ille, illa, illud jener, jene, jenes
illūdere, illūdō, illūsī, illūsum verspotten; täuschen, betrügen
imminēre, immineō drohen, bevorstehen
immūtāre verwandeln
imperāre *mit Dat.* befehlen, herrschen (über)
imperātor, -ōris *m.* Kaiser; Feldherr
imperium, -ī *n.* Befehl, Herrschaft, Reich, Herrschaftsgebiet
impetus, -ūs *m.* Angriff, Schwung
implōrāre *mit Akk.* anflehen
impōnere, impōnō, imposuī, impositum einsetzen, auferlegen, (jem. etw.) aufgeben
importāre einführen, hineinbringen
in *Präposition mit Akk.* nach (... hin), in (... hinein), gegen; *mit Abl.* in, an, auf, bei
incendere, incendō, incendī, incēnsum entflammen, in Brand stecken
incidere, incido, incidī hineinfallen
incipere, incipiō, coepī (incēpī), inceptum anfangen, beginnen
incola, -ae *m./f.* Einwohner(in)
indicāre anzeigen, melden
induere, induō, induī, indūtum anziehen, anlegen
īnferī, īnferōrum *m. Pl.* Unterwelt, Bewohner der Unterwelt
īnflāre aufblasen
ingēns, -ntis *Adjektiv* gewaltig, riesig, ungeheuer
innocēns, -ntis *Adjektiv* unschuldig
īnsidiae, -ārum *f. Pl.* Falle, Attentat, Hinterlist
īnsula, -ae *f.* Insel; Mietshaus, Wohnblock
intellegere, intellegō, intellēxī, intellēctum (be)merken, verstehen, wahrnehmen
inter *Präposition mit Akk.* zwischen, unter, während
interdum *Adverb* manchmal, zuweilen
intereā *Adverb* inzwischen, unterdessen

interficere, interficiō, interfēcī, interfectum töten, vernichten
interrogāre fragen
intrāre eintreten, betreten
invenīre, inveniō, invēnī, inventum auf etw. stoßen, entdecken, (er)finden
invictus, -a, -um *Adjektiv* unbesiegt, unbesiegbar
invidēre, invīdī, invīsum *mit Dat.* beneiden, neidisch sein auf
invidia, -ae *f.* Neid
invītāre einladen
invītus, -a, -um *Adjektiv* ungern, gegen den Willen
ipse, ipsa, ipsum (er, sie, es) selbst, persönlich
īra, īrae *f.* Zorn, Wut
īrātus, -a, -um *Adjektiv* zornig, wütend
īre, eō, iī, itum gehen
is, ea, id dieser, diese, dieses; er, sie, es
ita *Adverb* so
Italia, -ae *f.* Italien
itaque *Adverb* deshalb, und so, daher
item *Adverb* ebenso, gleichfalls
iterum *Adverb* wiederum
iterum atque iterum *Adverb* immer wieder, wieder und wieder
iubēre, iubeō, iussī, iussum *mit Akk./AcI* anordnen, befehlen
iūdicāre beurteilen, urteilen
Iūnō, -ōnis *f.* Juno, Gattin Jupiters, Fruchtbarkeits- und Ehegöttin
iūstus, -a, -um *Adjektiv* gerecht
iuvenis, -is *m.* jung; *Subst.* junger Mann

L

labor, -ōris *m.* Mühe, Anstrengung, Arbeit, Not
labōrāre arbeiten, leiden, sich anstrengen
lacessere, lacessō, lacessīvī, lacessītum reizen, provozieren, herausfordern
laetus, -a, -um *Adjektiv* fröhlich, froh
Lāocoōn, -oontis *m.* Laokoon, trojanischer Priester, der die Trojaner vor dem hölzernen Pferd warnte und von zwei Schlangen getötet wurde
lapis, lapidis *m.* Stein
latēre, lateō verborgen sein, lauern, versteckt sein
lātus, -a, -um *Adjektiv* breit, ausgedehnt
laudāre loben
legere, legō, lēgī, lēctum lesen
leō, leōnis *m.* Löwe
levis, leve *Adjektiv* leicht, leichtsinnig
libenter *Adverb* gern
līber, lībera, līberum *Adjektiv* frei
liber, librī *m.* Buch
līberāre befreien, freilassen
līberī, līberōrum *m. Pl.* Kinder
lībertās, -tātis *f.* Freiheit
licentia, -ae *f.* Freiheit, Willkür
licet, licuit unpersönlich es ist erlaubt, es ist möglich
līgneus, -a, -um *Adjektiv* hölzern
Linus, -ī *m.* Linus, griech. Name
lītus, lītoris *n.* Küste, Strand
lītus petere zum Strand laufen, gehen
Līvia, Līviae *f.* Livia, Gattin des Augustus
locus, -ī *m.* Ort, Platz, Stelle
longus, -a, -um Adjektiv lang, weit
Lūcius, -ī *m.* Lucius, röm. Vorname
lūdere, lūdō, lūsī, lūsum spielen, scherzen
lūdus, -ī *m.* Spiel, Schule
lūsor, -ōris *n.* Spieler
lyrā cantāre auf der Lyra/Leier spielen

M

māchina, -ae *f.* Maschine, Werkzeug
maestus, -a, -um *Adjektiv* traurig, niedergeschlagen
magister, -trī *m.* Lehrer, Trainer
magistrātus, -ūs *m.* Amt, Beamter
magnitūdō, -dinis *f.* Größe
magnus, -a, -um groß, bedeutend
magnā vōce laut, mit lauter Stimme
malus, -a, -um *Adjektiv* schlecht, schlimm
manēre, maneō, mānsī, mānsum bleiben, warten (auf)
manus, -ūs *f.* Hand; Schar (von Bewaffneten)
Marcus, -ī *m.* Markus, röm. Vorname
mare, maris *n.* Meer
marītus, -ī *m.* Ehemann
māter, mātris *f.* Mutter
mātrimōnium, -ī *n.* Ehe
in mātrimōnium dūcere heiraten
mē invītō *Abl. abs.* gegen meinen Willen
mēcum mit mir
medicus, -ī *m.* Arzt
medius, -a, -um *Adjektiv* der mittlere, in der Mitte (von), mitten
mēnsa, -ae *f.* Tisch
mercātor, -tōris *m.* Kaufmann, Händler
merīdiēs, -ēī *m.* Mittag
meus, -a, -um mein
mīles, mīlitis *m.* Soldat
miser, -ra, -rum *Adjektiv* arm, erbärmlich, unglücklich
mittere, mittō, mīsī, missum schicken, werfen, (los)lassen
monēre, moneō, monuī, monitum mahnen, ermahnen
mōns, -ntis *m.* Berg
mōnstrāre zeigen
mōnstrum, -ī *n.* Ungeheuer, Ungetüm
morior, mortuus sum *Deponens* sterben
mors, mortis *f.* Tod
mortālis, mortāle *Adjektiv* sterblich; *Subst.* Mensch
movēre, moveō, mōvī, mōtum bewegen
multitūdō, -dinis *f.* Menge, Masse, Menschenmenge

multum *Adverb* viel, sehr
multus, -a, -um *Adjektiv* viel
mūrus, -ī *m.* Mauer
mūsica, -ae *f.* Musik
mūtāre (ver)ändern, verwandeln

N

nam denn, nämlich
narrāre erzählen
nātiō, -ōnis *f.* Nation, Volk
nātūra, -ae *f.* Natur, Wesen, Beschaffenheit
nātum esse *bei Zeitangaben* alt sein
Decem annōs nātus est. Er (sie) ist zehn Jahre alt.
nauta, -ae *m.* Seemann, Matrose
nāvigāre segeln, befahren
nāvis, -is *f.* Schiff
nē ... quidem nicht einmal
necāre töten, umbringen
negāre verneinen, leugnen, sich weigern
nēmō niemand
neque und nicht, auch nicht
neque ... neque weder ... noch
Nerō, -ōnis *m.* Nero, röm. Kaiser 54–68 n. Chr.
nescīre, nesciō, nescīvī nicht wissen
nescius, -a, -um *Adjektiv* unwissend, unkundig
nex, necis *f.* Mord, Tod
nihil nichts
nimis *Adverb* (all)zu, (all)zu sehr
nisī *Subjunktion* wenn nicht
nōbilis, nōbile *Adjektiv* berühmt, vornehm, adelig
nōlle, nōlō, nōluī nicht wollen
nōmen, nōminis *n.* Name
nōmināre nennen, benennen
nōn nicht
nōn iam *Adverb* nicht mehr
nōn sōlum ... sed etiam nicht nur ... sondern auch
nōnne? etwa nicht? denn nicht?
nōnnūllī, -ae, -a einige, manche
nōs wir
nōscere, nōscō, nōvī, nōtum erkennen, kennenlernen
noster, nostra, nostrum unser
nōtus, -a, -um *Adjektiv* bekannt, berühmt
nō(vi)sse, nōvī *Perfekt* kennen, wissen
novus, -a, -um *Adjektiv* neu, ungewöhnlich
nox, noctis *f.* Nacht
nūbēs, -is *f.* Wolke
numquam *Adverb* niemals
nunc *Adverb* jetzt, nun
nūntiāre melden, berichten, verkünden
nūntius, -ī *m.* Bote, Botschaft, Nachricht
nūper *Adverb* neulich, vor kurzem
nūptiae, -ārum *f. Pl.* Hochzeit
nympha, -ae *f.* Nymphe, weibliche Gottheit

O

Obelīx, -īgis *m.* Obelix, der beste Freund des Asterix
observāre beobachten
occidere, occidō, occidī, occāsum umkommen, untergehen
occīdere, occīdō, occīdī, occīsum niederschlagen, töten
oculus, -ī *m.* Auge
odiōsus, -a, -um *Adjektiv* verhasst, hassenswert, widerwärtig
odium, -ī *n.* Hass
odor, -ōris *m.* Geruch
omnis, omne ganz, jeder; *Pl.* alle
onerāre beladen, belasten
onus, oneris *n.* Last
operam dare sich Mühe geben
oportet *unpersönlich* es gehört sich, es ist nötig, man muss
oppidum, -ī *n.* Stadt
opprimere, opprimō, oppressī, oppressum bedrohen, niederwerfen, unterdrücken
oppūgnāre belagern, angreifen, bestürmen
optimus, -a, -um *Adjektiv* bester, beste, bestes, sehr gut
opus, operis *n.* Arbeit, Mühe, Werk
ōrāre wünschen, bitten; beten
ōrātiō, -ōnis *f.* Rede
ōrātiōnem habēre eine Rede halten
orbis terrārum, orbis terrārum *m.* Erde, Welt(kreis)
ōrnāre schmücken, ausrüsten
Orpheus, -ī *m.* Orpheus, thrakischer Sänger
ōtiōsus esse Freizeit verbringen/haben
ōtium, -ī *n.* freie Zeit, Ruhe, Frieden
ovis, -is *f.* Schaf

P

pāgina, -ae *f.* Seite, Blatt Papier
Panorāmīx, -mīgis *m.* der Druide im Dorf des Asterix (in der dt. Fassung: Miraculix)
parāre bereitmachen, (vor)bereiten, zubereiten, erwerben
sē parāre ad sich vorbereiten auf
parcere, parcō, pepercī *mit Dat.* schonen, sparen
parentēs, -tum *m. Pl.* Eltern; Verwandte
pārēre, pāreō, pāruī gehorchen
parere, pariō, peperī, partum zur Welt bringen, gebären; schaffen
pars, partis *f.* Teil, Seite, Richtung
Parvibonum, -ī *n.* Parvibonum, Heimatdorf von Asterix und Obelix
parvus, -a, -um *Adjektiv* klein, gering
pāstor, -ōris *m.* Hirte
pater, -tris *m.* Vater
patēre, pateō offen stehen, sich erstrecken
patria, -ae *f.* Heimat, Vaterland

paucī, -ae, -a *Adjektiv* wenige
paulō post *Adverb* (ein) wenig später
pauper, pauperis *Adjektiv* arm
pāx, pācis *f.* Frieden
pellere, pellō, pepulī, pulsum schlagen, treiben, vertreiben
pellis, -is *f.* Haut, Fell
Pēnelopē, -pae *f.* Penelope, Gattin des Odysseus
per *Präposition mit Akk.* durch, hindurch, über
perficere, perficiō, perfēcī, perfectum erreichen, fertigstellen, ausführen, vollenden
pergere, pergō, perrēxī aufbrechen; weitermachen
perīculōsus, -a, -um *Adjektiv* gefährlich
perīculum, -ī *n.* Gefahr
pervenīre, perveniō, pervēnī, perventum *(mit Akkusativ)* kommen zu/nach
pēs, pedis *m.* Fuß
petere, petō, petīvī, petītum (auf)suchen, (er)streben, (er)bitten, verlangen
Phaedrus, -ī *m.* Phädrus, *röm.* Fabeldichter
pila, -ae *f.* Ball
pīrāta, -ae *m.* Seeräuber, Pirat
pius, -a, -um *Adjektiv* fromm, ehrfürchtig, pflichtbewusst
plācāre beruhigen
placēre, placeō, placuī, placitum gefallen
plaudere, plaudō, plausī, plausum applaudieren
plaustrum, -ī *n.* Lastwagen
plēnus, -a, -um *mit Gen.* voll (von), angefüllt (mit)
Plūtō, -ōnis *m.* Pluto, Gott der Unterwelt, Gatte der Proserpina
pōculum, -ī *n.* Becher
poēta, -ae *m.* Dichter
Polyphēmus, -ī *n.* Polyphem, einäugiger Riese, Sohn des Neptun, hielt Odysseus und seine Gefährten in seiner Höhle gefangen
Pompēiī, -ōrum *m. Pl.* Pompeji, Stadt in Kampanien, südöstl. von Neapel, 79 n. Chr. durch einen Ausbruch des Vesuv verschüttet
Pompēiānus, -a, -um *Adjektiv* pompejanisch, aus Pompeji, *Subst.:* Pompejaner, Bewöhner von Pompeji
pōnere, pōnō, posuī, positum (auf)stellen, (hin)legen, setzen
populus, -ī *m.* Volk, Menge
porta, -ae *f.* Tor, Tür, Pforte
portāre tragen, bringen
portus, -ūs *m.* Hafen
posse, possum, potuī können
possidēre, possideō, possēdī, possessum besitzen
post *Präposition mit Akk.* hinter, nach
posteā *Adverb* nachher, später
postquam *Subjunktion mit Perf.* nachdem, als
postrēmō *Adverb* schließlich
pōstulāre fordern
pōtāre trinken, saufen
potestās, -tātis *f.* (Amts-)Gewalt, Macht
praeclārus, -a, -um *Adjektiv* großartig, herrlich
praesēns, -ntis *Adjektiv* anwesend, gegenwärtig
praesidium, -ī *n.* Hilfe, Schutz, Beistand
praestāre, praestō, praestitī *mit Akk.* gewähren, leisten, zeigen; *mit Abl.* jem. übertreffen an
praeter *Präposition mit Akk.* außer
praetereā *Adverb* außerdem
prātum, -ī *n.* Wiese
precēs, precum *f. Pl.* Bitte, Gebet
prīmō *Adverb* zuerst
prīmus, -a, -um *Adjektiv* der (die, das) erste
prīnceps, prīncipis *m.* der Erste, der führende Mann
priusquam *Subjunktion* bevor, eher als
prōcēdere, prōcēdō, prōcessī, prōcessum (vorwärts)gehen, vorrücken
prōcurrere, pōcurrō, prōcurrī, prōcursum hervorstürmen, ausrücken, vorrücken
prōdesse, prōsum, prōfuī nutzen, nützlich sein
profectō *Adverb* sicherlich, tatsächlich
proficīscī, proficīscor, profectus sum *Deponens* aufbrechen
prohibēre, prohibeō, prohibuī, prohibitum verhindern, hindern an, verbieten, fern halten
prōmittere, prōmittō, prōmīsī, prōmissum versprechen
prōnūntiāre verkünden
prōpāgāre ausdehnen, ausweiten
prope *Präposition mit Akk.* bei, nahe bei
properāre eilen, sich beeilen
Prōserpina, -ae *f.* Proserpina, Herrscherin der Unterwelt, Gattin des Pluto
prōvidēre, prōvideō, prōvīdī, prōvīsum *mit Dat.* voraussehen, besorgen, beschaffen
prūdēns, -ntis *Adjektiv* klug, verständig
pūblicus, -a, -um *Adjektiv* staatlich, öffentlich
puella, -ae *f.* Mädchen
puer, puerī *m.* Junge, Kind, Bub
pūgnāre kämpfen
pulcher, -chra, -chrum *Adjektiv* schön
pulchritūdō, -dinis *f.* Schönheit
Pūnicum bellum *n.* Punischer Krieg
pūnīre, pūniō, pūnīvī, pūnītum bestrafen
pūrgāre reinigen
putāre glauben, meinen; *mit dopp. Akk.* halten für

Q

quaerere, quaerō, quaesīvī, quaesītum suchen, fragen, erwerben wollen
quam *Adverb* als, wie
quamquam *Subjunktion* obwohl
quandō? wann?
quasi *Adverb* wie, gleichwie

-que *nachgestellt* und
quī, quae, quod *Rel.-Pronomen* welcher, welche, welches; der, die, das
quia *Subjunktion* weil
quid? was?
quis? wer?
quō factō *Abl. abs.* hierauf
quō? wohin?
quod *Subjunktion* weil
quōdam diē eines Tages
quōmodo? wie? auf welche Weise?
quoniam *Subjunktion* da ja, weil ja
quoque *nachgestellt* auch
quot? wie viele?

R

rāna, -ae *f.* Frosch
rapere, rapiō, rapuī, raptum rauben, (weg)raffen, wegführen, (weg)reißen
recitāre vorlesen, vortragen
reddere, reddō, reddidī, redditum zurückgeben, jem. etw. zukommen lassen
redīre, redeō, rediī, reditum zurückgehen, zurückkehren
regere, regō, rēxī, rēctum beherrschen, leiten, lenken
rēgīna, -ae *f.* Königin
regiō, -ōnis *f.* Gebiet, Gegend
religiō, -ōnis *f.* Frömmigkeit, Glaube, Verehrung
relinquere, relinquō, relīquī, relictum zurücklassen, verlassen
remedium, -ī *n.* Gegengift
removēre, removeō, remōvī, remōtum entfernen, beseitigen
Remus, -ī *m.* Remus, Zwillingsbruder des Romulus, von diesem erschlagen
reperīre, reperiō, repperī, reppertum (wieder)finden
repetere, repetō, repetīvī, repetītum zurückfordern, wiederholen
repōnere, repōnō, reposuī, repositum (in suō locō) (an seinen Platz) zurücklegen
rēs, reī *f.* Sache, Ding, Angelegenheit
rēs futūrae, rērum futūrārum *f. Pl.* Zukunft
rēs pūblica, reī pūblicae *f.* Staat
resistere, resistō, restitī stehenbleiben; Widerstand leisten
respectāre zurücksehen, sich umschauen, respektieren
respondēre, respondeō, respondī, respōnsum antworten, entsprechen
respōnsum, -ī *n.* Antwort
restituere, restituō, restituī, restitūtum wiederherstellen
rēx, rēgis *m.* König
rīdēre, rīdeō, rīsī, rīsum lachen, auslachen
Rigorōsus, -ī *m.* Rigorosus
rīpa, -ae *f.* Ufer
rīsus, -ūs *m.* Lachen, Gelächter
rogāre fragen, bitten, erbitten
Rōma, -ae *f.* Rom
Rōmae in Rom
Rōmam nach Rom
Rōmānus, -a, -um *Adjektiv* römisch; *Subst.* Römer(in)
Rōmulus, -ī *m.* Romulus, Gründer Roms, Zwillingsbruder des Remus
Rūfus, -ī *m.* Rufus, röm. Name: „der Rothaarige"
rūgōsus, -a, -um runzelig

S

saepe *Adverb* oft
saevus, -a, -um *Adverb* schrecklich, wild, wütend
saltāre tanzen, springen
salūtāre grüßen, begrüßen
sānctus, -a, -um *Adjektiv* heilig, ehrwürdig
sapiēns, -ntis *Adjektiv* weise; *Subst.* der Weise
satis *Adverb* genug
scelus, sceleris *n.* Verbrechen, Frevel, Untat
schola, -ae *f.* Schule, Lehrstätte
scīre, sciō, scīvī, scītum wissen, kennen
scrībere, scrībō, scrīpsī, scrīptum schreiben
scrīptor, -ōris *m.* Schreiber, Schriftsteller, Verfasser
secundus, -a, -um der (die, das) zweite, günstig
sed *Konjunktion* aber, sondern
sedēre, sedeō, sēdī, sessum sitzen
semper *Adverb* immer
senātor, -ōris *m.* Senator
senātus, -ūs *m.* Senat
sentīre, sentiō, sēnsī, sēnsum fühlen, meinen, wahrnehmen, merken; riechen
sērō *Adverb* spät, zu spät
serpēns, -ntis *m./f.* Schlange
serva, -ae *f.* Sklavin
servāre bewahren, retten (vor)
servīre, serviō, servīvī, servītum dienen, Sklave sein
servitūs, -tūtis *f.* Sklaverei
servus, -ī *m.* Sklave, Diener
sex sechs
sī *Subjunktion* wenn, falls
sīc *Adverb* so
sīgnum, -ī *n.* Merkmal, Zeichen
silva, -ae *f.* Wald
similis, simile *Adjektiv* ähnlich
simulāre bellum Krieg spielen
sine *Präposition mit Abl.* ohne
situs, -a, -um gelegen, liegend
socius, -ī *m.* Gefährte, Verbündeter
sōl, sōlis *m.* Sonne
sōle occidente *Abl. abs.* bei Sonnenuntergang
solēre, soleō *mit Inf.* pflegen, gewohnt sein zu tun

sōlus, -a, -um allein, einzig, einsam
solvere, solvō, solvī, solūtum lösen, auflösen
soror, -ōris *f.* Schwester
speciēs, -ēī *f.* Anblick, Gestalt
spectāculum, -ī *n.* Anblick, Schauspiel, Aufführung
spectāre betrachten, anschauen
spectātor, -ōris *m.* Zuschauer
spērāre *mit Akk.* hoffen auf, erwarten
spēs, speī *f.* Hoffnung
spem dēmittere die Hoffnung aufgeben, sinken lassen
Spurius, Spuriī *m.* Spurius, röm. Vorname
stabulum, -ī *n.* Stall
stāgnum, -ī *n.* Teich, See
statim *Adverb* sofort, auf der Stelle
statua, -ae *f.* Standbild, Statue
studēre, studeō, studuī *mit Inf.* sich bemühen (etw. zu tun)
stultus, -a, -um *Adjektiv* dumm, töricht
sub *mit Abl.* unten an, unten bei, unter (wo?)
subitō *Adverb* plötzlich
summus, -a, -um der (die, das) höchste, letzte, oberste
superāre *mit Abl.* besiegen, überragen, übertreffen (an)
sustinēre, sustineō, sustinuī, sustentum ertragen, standhalten
suus, -a, -um sein, ihr

T

taberna, -ae *f.* Wirtshaus; Laden
tacēre, taceō, tacuī, tacitum schweigen, verschweigen
tālis, tāle derartig, ein solcher, so (beschaffen)
tam *Adverb* so
tam ... quam *Adverb* so ... wie
tamen *Konjunktion* dennoch, jedoch
tandem *Adverb* endlich, schließlich
tantum *Adverb* nur
tantus, -a, -um *Adjektiv* so groß, so viel
Tartarus, -ī *m.* Tartarus, Unterwelt
taurus, -ī *m.* Stier
tēctum, -ī *n.* Dach, Haus
tēcum mit dir
tegere, tegō, tēxī, tēctum bedecken, schützen, verbergen
tēlum, -ī *n.* Waffe, Geschoss
templum, -ī *n.* Heiligtum, Tempel
temptāre angreifen; prüfen, versuchen
tempus, -poris *n.* Zeit
eōdem tempore zur selben Zeit
tenēre, teneō, tenuī, tentum halten, festhalten, besitzen
terra, -ae *f.* Erde, Land
terrēre, terreō, terruī, territum erschrecken
terribilis, terribile *Adjektiv* schrecklich, furchtbar
thermae, -ārum *f. Pl.* Thermen, Badeanlage
timēre, timeō, timuī fürchten, Angst haben
timidus, -a, -um *Adjektiv* ängstlich, furchtsam
timor, -ōris *m.* Angst, Furcht
Titus, -ī *m.* Titus, röm. Vorname
tolerāre ertragen, aushalten, erdulden
tollere, tollō, sustulī, sublātum aufheben, in die Höhe heben, wegnehmen
tot *indekl.* so viele
tōtus, -a, -um *Adjektiv* ganz
trādere, trādō, trādidī, trāditum überliefern, übergeben, berichten
trahere, trahō, trāxī, trāctum ziehen, schleppen
trānsilīre, trānsiliō, trānsiluī überspringen
transportāre transportieren, hinüberbringen
tremor, -ōris *m.* Beben, Zittern
tremor terrae Erdbeben
trīstis, trīste traurig, unfreundlich
triumphāre jubeln, triumphieren
Trōia, -ae *f.* Troja, Stadt in Kleinasien, die von den Griechen zehn Jahre lang belagert wurde
Trōiānus, -a, -um *Adjektiv* trojanisch, aus Troja; *Subst.* Trojaner(in)
trucīdāre schlachten, niedermetzeln
tū du
tum *Adverb* da, damals, dann, darauf
tumultus, -ūs *m.* Aufregung, Aufstand, Unruhe, Lärm
turba, -ae *f.* Menge, Menschenmenge
turpis, turpe *Adjektiv* hässlich, schändlich
tūtus, -a, -um *Adjektiv* sicher
tuus, -a, -um dein
tyrannus, -ī *m.* Tyrann, Gewaltherrscher

U

ubī *Subjunktion* sobald
ubī prīmum *Subjunktion* sobald
ubī? wo?
ubique *Adverb* überall
Ulixēs, Ulixis *m.* Odysseus, griech. Held. (*Odysseus bei Polyphem:* Odysseus und seine Gefährten landeten auf der Insel der Kyklopen, einäugiger Riesen. Als sie in eine Höhle gegangen waren, kam deren Bewohner Polyphem, ein Kyklop, mit seinen Schafen dorthin und verschloss die Höhle mit einem Felsen. Er fraß einige Gefährten auf. Der listige Odysseus fand schließlich den Ausweg aus der gefährlichen Situation: Er machte den Riesen mit Wein betrunken und blendete ihn, indem er dem Riesen sein einziges Auge ausstach. Dieser wollte ans Tageslicht und rollte deshalb den Felsen zur Seite. Odysseus und seine Freunde konnten entkommen, indem sie sich unter den Schafen versteckten, als diese die Höhle verließen. – *Odysseus bei Kirke:* Odysseus und seine Gefährten verschlug es auf die Insel der Zauberin Kirke, die Fremde in Tiere zu verwandeln pflegte.
Die Gefährten des Odysseus verwandelte sie in Schweine. Odysseus selbst wurde durch ein Gegenmittel, das ihm

der Götterbote Hermes übergeben hatte, vor dem Zauber geschützt. Kirke war klar, als sie sah, dass ihre Zauberkraft nicht wirkte, dass die Götter ihre Hand im Spiel hatten, und gab den Gefährten des Odysseus ihre ursprüngliche Gestalt zurück. Die Zauberin verliebte sich in Odysseus und vermochte ihn und seine Männer über lange Zeit auf ihrer Insel zu halten.

ultimus, -a, -um der (die, das) äußerste, entfernteste, letzte
ūnus, ūna, ūnum ein(er), ein einziger
urbs, urbis *f.* Stadt, Hauptstadt
ūrere, ūrō, ūssī, ūstum brennen, verbrennen
ūtilis, ūtile *Adjektiv* nützlich
uxor, -ōris *f.* Gattin, Ehefrau

V

valdē *Adverb* sehr
vāstāre verwüsten
vehemēns, -ntis *Adjektiv* energisch, heftig
vehiculum, -ī *n.* Fahrzeug
vel ... vel sei es ... oder sei es; sowohl ... als auch
velle, volō, voluī wollen
vendere, vendō, vendidī verkaufen
venēnum, -ī *n.* Gift
venīre, veniō, vēnī, ventum kommen
ventus, ī *m.* Wind
Venus, Veneris *f.* Venus, Göttin der Liebe
verbum, -ī *n.* Wort
Vergilius, -ī *m.* Vergil, röm. Dichter 70–19 v. Chr.
vērus, vēra, vērum *Adjektiv* wahr, echt, richtig
vesper, vesperī *m.* Abend
vespere *Abl.* abends
Vesta, -ae *f.* Vesta, Göttin des Herdfeuers
vester, vestra, vestrum euer
Vesuvius, -ī *m.* Vesuv, Vulkan in Kampanien
vetāre, vetō, vetuī, vetitum verbieten
vetus, veteris *Adjektiv* alt
vexāre quälen, misshandeln
via, -ae *f.* Weg, Straße
victor, -ōris *m.* Sieger, Gewinner
victōria, -ae *f.* Sieg
vīcus, -ī *m.* Dorf, Gasse
vidēre, videō, vīdī, vīsum sehen
vīlla rūstica *f.* Landgut, Landhaus
vincere, vincō, vīcī, victum siegen, besiegen
vincīre, vinciō, vinxī, vinctum fesseln, binden
vīnum, -ī *n.* Wein
sē implēre vīnō sich mit Wein betrinken
vir, virī *m.* Mann
virgō, virginis *f.* Mädchen, junge Frau, Jungfrau
virtūs, virtūtis *f.* Tapferkeit, Tüchtigkeit, Leistung
vīsitāre besuchen
vīsitātor, -ōris *m.* Besucher
vīta, -ae *f.* Leben
vītam agere leben, sein Leben verbringen
vituperāre tadeln
vīvere, vīvō, vīxī, vīctūrum leben, erleben
vīvus, -a, -um *Adjektiv* lebend, lebendig
vix *Adverb* kaum, (nur) mit Mühe
vocāre rufen, (be)nennen
voluntās, -tātis *f.* Wille, Absicht
vōs ihr
vōx, vōcis *f.* Stimme, Äußerung
vulnerāre verletzten, verwunden
vulnus, vulneris *n.* Wunde, Verlust

Formentabellen

1. Verben

1.1 Präsensstamm

Aktiv	a-Konj.	e-Konj.	ī-Konj.	Kons. Konj.	Kurz-i-Konj.	Hilfsverb	
Infinitiv	amā-re	monē-re	audī-re	dīc-ere	cape-re	es-se	Bd. 1, S. 18 ff.
Präsens	am-ō	mone-ō	audi-ō	dīc-ō	capi-ō	s-u-m	Bd. 1, S. 26 ff.
	amā-s	monē-s	audī-s	dīc-i-s	capi-s	es	
	ama-t	mone-t	audi-t	dīc-i-t	capi-t	es-t	
	amā-mus	monē-mus	audī-mus	dīc-i-mus	capi-mus	s-u-mus	
	amā-tis	monē-tis	audī-tis	dīc-i-te	capi-tis	es-tis	
	ama-nt	mone-nt	audi-u-nt	dīc-u-nt	capi-u-nt	s-u-nt	
Imperfekt	amā-ba-m	monē-ba-m	audi-ēba-m	dīc-ēba-m	capi-ēba-m	er-a-m	Bd. 1, S. 72 ff.
	amā-bā-s	monē-bā-s	audi-ēbā-s	dīc-ēbā-s	capi-ēbā-s	er-ā-s	
	amā-ba-t	monē-ba-t	audi-ēba-t	dīc-ēba-t	capi-ēba-t	er-a-t	
	amā-bā-mus	monē-bā-mus	audi-ēbā-mus	dīc-ēbā-mus	capi-ēbā-mus	er-ā-mus	
	amā-bā-tis	monē-bā-tis	audi-ēbā-tis	dīc-ēbā-tis	capi-ēbā-tis	er-ā-tis	
	amā-ba-nt	monē-ba-nt	audi-ēba-nt	dīc-ēba-nt	capi-ēba-nt	er-a-nt	
Futur I	amā-b-ō	monē-b-ō	audi-a-m	dīc-a-m	capi-a-m	er-ō	Bd. 2, S. 32 ff.
	amā-bi-s	monē-bi-s	audi-ē-s	dīc-ē-s	capi-ē-s	er-i-s	
	amā-bi-t	monē-bi-t	audi-e-t	dīc-e-t	capi-e-t	er-i-t	
	amā-bi-mus	monē-bi-mus	audi-ē-mus	dīc-ē-mus	capi-ē-mus	er-i-mus	
	amā-bi-tis	monē-bi-tis	audi-ē-tis	dīc-ē-tis	capi-ē-tis	er-i-tis	
	amā-bu-nt	monē-bu-nt	audi-e-nt	dīc-e-nt	capi-e-nt	er-u-nt	
PPA	amā-ns, -ntis, ...	monē-ns, -ntis, ...	audi-ēns, -ntis ...	dīc-ēns, -ntis ...	capi-ēns, -ntis ...		Bd. 2, S. 100 ff.
Imperativ	amā!	monē!	audī!	dīc!	cape!	es!	Bd. 1, S. 19 ff.
	amā-te!	monē-te!	audī-te!	dīc-ite!	capi-te!	es-te!	

Passiv	a-Konj.	e-Konj.	ī-Konj.	Kons. Konj.	Kurz-i-Konj.	
Infinitiv	amā-rī	monē-rī	audī-rī	dīc-ī	capī	Bd. 2, S. 40 ff.
Präsens	am-or	mone-or	audi-or	dīc-or	capi-or	
	amā-ris	monē-ris	audī-ris	dīc-e-ris	cape-ris	
	amā-tur	monē-tur	audī-tur	dīc-i-tur	capi-tur	
	amā-mur	monē-mur	audī-mur	dīc-i-mur	capi-mur	
	amā-minī	monē-minī	audī-minī	dīc-i-minī	capi-minī	
	ama-ntur	mone-ntur	audi-u-ntur	dīc-u-ntur	capi-u-ntur	
Imperfekt	amā-ba-r	monē-ba-r	audi-ēba-r	dīc-ēba-r	capi-ēba-r	Bd. 2, S. 44 ff.
	amā-bā-ris	monē-bā-ris	audi-ēbā-ris	dīc-ēbā-ris	capi-ēbā-ris	
	amā-bā-tur	monē-bā-tur	audi-ēbā-tur	dīc-ēbā-tur	capi-ēbā-tur	
	amā-bā-mur	monē-bā-mur	audi-ēbā-mur	dīc-ēbā-mur	capi-ēbā-mur	
	amā-bā-minī	monē-bā-minī	audi-ēbā-minī	dīc-ēbā-minī	capi-ēbā-minī	
	amā-ba-ntur	monē-ba-ntur	audi-ēba-ntur	dīc-ēba-ntur	capi-ēba-ntur	
Futur I	amā-b-or	monē-b-or	audi-a-r	dīc-a-r	capi-a-r	Bd. 2, S. 44 ff.
	amā-be-ris	monē-be-ris	audi-ē-ris	dīc-ē-ris	capi-ē-ris	
	amā-bi-tur	monē-bi-tur	audi-ē-tur	dīc-ē-tur	capi-ē-tur	
	amā-bi-mur	monē-bi-mur	audi-ē-mur	dīc-ē-mur	capi-ē-mur	
	amā-bi-minī	monē-bi-minī	audi-ē-minī	dīc-ē-minī	capi-ē-minī	
	amā-bu-ntur	monē-bu-ntur	audi-e-ntur	dīc-e-ntur	capi-e-ntur	

1.2 Perfektstamm

Aktiv	a-Konj.	e-Konj.	ī-Konj.	Kons. Konj.	Kurz-i-Konj.	Hilfsverb	
Infinitiv	amāv-isse	monu-isse	audīv-isse	dīx-isse	cēp-isse	fu-isse	Bd. 1, S. 78 ff.
Perfekt	amāv-ī amāv-istī amāv-it amāv-imus amāv-istis amāv-ērunt	monu-ī monu-istī monu-it monu-imus monu-istis monu-ērunt	audīv-ī audīv-istī audīv-it audīv-imus audīv-istis audīv-ērunt	dīx-ī dīx-istī dīx-it dīx-imus dīx-istis dīx-ērunt	cēp-ī cēp-istī cēp-it cēp-imus cēp-istis cēp-ērunt	fu-ī fu-istī fu-it fu-imus fu-istis fu-ērunt	
Plusquam- perfekt	amāv-eram amāv-erās amāv-erat amāv-erāmus amāv-erātis amāv-erant	monu-eram monu-erās monu-erat monu-erāmus monu-erātis monu-erant	audīv-eram audīv-erās audīv-erat audīv-erāmus audīv-erātis audīv-erant	dīx-eram dīx-erās dīx-erat dīx-erāmus dīx-erātis dīx-erant	cēp-eram cēp-erās cēp-erat cēp-erāmus cēp-erātis cēp-erant	fu-eram fu-erās fu-erat fu-erāmus fu-erātis fu-erant	Bd. 1, S. 84 ff.
Futur II	amāv-erō amāv-eris amāv-erit amāv-erimus amāv-eritis amāv-erint	monu-erō monu-eris monu-erit monu-erimus monu-eritis monu-erint	audīv-erō audīv-eris audīv-erit audīv-erimus audīv-eritis audīv-erint	dīx-erō dīx-eris dīx-erit dīx-erimus dīx-eritis dīx-erint	cēp-erō cēp-eris cēp-erit cēp-erimus cēp-eritis cēp-erint	fu-erō fu-eris fu-erit fu-erimus fu-eritis fu-erint	Bd. 2, S. 38 ff.
PFA	amā-tūrus, -a, um	moni-tūrus, -a, um	audī-tūrus, -a, um	dic-tūrus, -a, um	cap-tūrus, -a, um	fu-tūrus, -a, um (= fore!)	Bd. 2, S. 101 ff.

Passiv	a-Konj.	e-Konj.	ī-Konj.	Kons. Konj.	Kurz-i-Konj.	
Infinitiv	amā-tum esse	moni-tum esse	audī-tum esse	dic-tum esse	cap-tum esse	Bd. 2, S. 51
Perfekt	amā-tus sum amā-tus es amā-tus est amā-tī sumus amā-tī estis amā-tī sunt	moni-tus sum moni-tus es moni-tus est moni-tī sumus moni-tī estis moni-tī sunt	audī-tus sum audī-tus es audī-tus est audī-tī sumus audī-tī estis audī-tī sunt	dic-tus sum dic-tus es dic-tus est dic-tī sumus dic-tī estis dic-tī sunt	cap-tus sum cap-tus es cap-tus est cap-tī sumus cap-tī estis cap-tī sunt	Bd. 2, S. 49 ff.
Plusquam- perfekt	amā-tus eram amā-tus erās amā-tus erat amā-tī erāmus amā-tī erātis amā-tī erant	moni-tus eram moni-tus erās moni-tus erat moni-tī erāmus moni-tī erātis moni-tī erant	audī-tus eram audī-tus erās audī-tus erat audī-tī erāmus audī-tī erātis audī-tī erant	dic-tus eram dic-tus erās dic-tus erat dic-tī erāmus dic-tī erātis dic-tī erant	cap-tus eram cap-tus erās cap-tus erat cap-tī erāmus cap-tī erātis cap-tī erant	Bd. 2, S. 50 f.
Futur II	amā-tus erō amā-tus eris amā-tus erit amā-tī erimus amā-tī eritis amā-tī erunt	moni-tus erō moni-tus eris moni-tus erit moni-tī erimus moni-tī eritis moni-tī erunt	audī-tus erō audī-tus eris audī-tus erit audī-tī erimus audī-tī eritis audī-tī erunt	dic-tus erō dic-tus eris dic-tus erit dic-tī erimus dic-tī eritis dic-tī erunt	cap-tus erō cap-tus eris cap-tus erit cap-tī erimus cap-tī eritis cap-tī erunt	Bd. 2, S. 51
PPP	amā-tus, -a, -um	moni-tus, -a, -um	audī-tus, -a, -um	dic-tus, -a, -um	cap-tus, -a, -um	Bd. 2, S. 49 ff.

2. Substantive

	o-Dekl. *m.*	*n.*	a-Dekl.	e-Dekl.	u-Dekl.	Kons. Dekl. *m.*	*n.*	*i-Stämme*	
Nom. **Sing.**	amīc-us	sīgn-um	vīt-a	r-ēs	port-us	cōnsul	corpus	urbs	Bd. 1, S. 12 ff./Bd. 2, S. 1
Gen.	amīc-ī	sīgn-ī	vīt-ae	r-eī	port-ūs	cōnsul-is	corpor-is	urb-is	Bd. 1, S. 66 ff./Bd. 2, S. 1
Dat.	amīc-ō	sīgn-ō	vīt-ae	r-eī	port-uī	cōnsul-ī	corpor-ī	urb-ī	Bd. 1, S. 88 ff./Bd. 2, S. 1
Akk.	amīc-um	sīgn-um	vīt-am	r-em	port-um	cōnsul-em	corpus	urb-em	Bd. 1, S. 42 ff./Bd. 2, S. 1
Abl.	amīc-ō	sīgn-ō	vīt-ā	r-ē	port-ū	cōnsul-e	corpor-e	urb-e	Bd. 1, S. 60 ff./Bd. 2, S. 1
Nom. **Pl.**	amīc-ī	sīgn-a	vīt-ae	r-ēs	port-ūs	cōnsul-ēs	corpor-a	urb-ēs	Bd. 1, S. 12 ff./Bd. 2, S. 1
Gen.	amīc-ōrum	sīgn-ōrum	vīt-ārum	r-ērum	port-uum	cōnsul-um	corpor-um	urb-ium	Bd. 1, S. 66 ff./Bd. 2, S. 1
Dat.	amīc-īs	sīgn-īs	vīt-īs	r-ēbus	port-ibus	cōnsul-ibus	corpor-ibus	urb-ibus	Bd. 1, S. 88 ff./Bd. 2, S. 1
Akk.	amīc-ōs	sīgn-a	vīt-as	r-ēs	port-ūs	cōnsul-ēs	corpor-a	urb-ēs	Bd. 1, S. 42 ff./Bd. 2, S. 1
Abl.	amīc-īs	sīgn-īs	vīt-ās	r-ēbus	port-ibus	cōnsul-ibus	corpor-ibus	urb-ibus	Bd. 1, S. 60 ff./Bd. 2, S. 1

3. Adjektive der i-Dekl.

	Singular *m.*	*f.*	*n.*	Plural *m.*	*f.*	*n.*	
Nom.	lev-is	lev-is	lev-e	lev-ēs	lev-ēs	lev-ia	Bd. 2, S. 20 ff.
Gen.	lev-is	lev-is	lev-is	lev-ium	lev-ium	lev-ium	
Dat.	lev-ī	lev-ī	lev-ī	lev-ibus	lev-ibus	lev-ibus	
Akk.	lev-em	lev-em	lev-e	lev-ēs	lev-ēs	lev-ia	
Abl.	lev-ī	lev-ī	lev-ī	lev-ibus	lev-ibus	lev-ibus	

4. PPA

	Singular *m.*	*f.*	*n.*	Plural *m.*	*f.*	*n.*	
Nom.	vocā-ns	vocā-ns	vocā-ns	voca-nt-ēs	voca-nt-ēs	voca-nt-ia	Bd. 2, S. 100 ff.
Gen.	voca-nt-is	voca-nt-is	voca-nt-is	voca-nt-ium	voca-nt-ium	voca-nt-ium	
Dat.	voca-nt-ī	voca-nt-ī	voca-nt-ī	voca-nt-ibus	voca-nt-ibus	voca-nt-ibus	
Akk.	voca-nt-em	voca-nt-em	vocā-ns	voca-nt-ēs	voca-nt-ēs	voca-nt-ia	
Abl.	voca-nt-e	voca-nt-e	voca-nt-e	voca-nt-ibus	voca-nt-ibus	voca-nt-ibus	

5. Personalpronomina

	1. Pers.	2. Pers.	3. Pers.				
			nicht-reflexiv			*reflexiv*	
	m.	*f.*	*m.*	*f.*	*n.*		
Nom. **Sing.**	ego	tū	i-s	e-a	i-d		Bd. 2, S. 27 ff.
Gen.	meī	tuī	e-ius	e-ius	e-ius	suī	
Dat.	mihi	tibi	e-ī	e-ī	e-ī	sibi	
Akk.	mē	tē	e-um	e-am	i-d	sē	
Abl.	mē/mēcum	tē/tēcum	e-ō	e-ā	e-ō	sē/sēcum	
Nom. **Pl.**	nōs	vōs	e-ī (i-ī)	e-ae	e-a		Bd. 2, S. 27 ff.
Gen.	nostrī/nostrum	vestrī/vestrum	e-ōrum	e-ārum	e-ōrum	suī	
Dat.	nōbīs	vōbīs	e-īs (i-īs)	e-īs (i-īs)	e-īs (i-īs)	sibi	
Akk.	nōs	vōs	e-ōs	e-ās	e-a	sē	
Abl.	nōbis/nōbīscum	vōbīs/vōbīscum	e-is (i-īs)	e-īs (i-īs)	e-īs (i-īs)	sē/sēcum	

6. Possessivpronomina

	Singular			Plural			
	m.	*f.*	*n.*	*m.*	*f.*	*n.*	
1. Pers.	me-us	me-a	me-um	noster	nostr-a	nostr-um	Bd. 2, S. 31
2. Pers.	tu-us	tu-a	tu-um	vester	vestr-a	vestr-um	
3. Pers. *nicht-reflexiv*	su-us	su-a	su-um	su-us	su-a	su-um	
reflexiv	e-ius	e-ius	e-ius	e-ōrum	e-ārum	e-ōrum	

7. Relativpronomina

	Singular			Plural			
	m.	*f.*	*n.*	*m.*	*f.*	*n.*	
Nom.	quī	quae	quod	quī	quae	quae	Bd. 2, S. 82 ff.
Gen.	cuius	cuius	cuius	quōrum	quārum	quōrum	
Dat.	cuī	cuī	cuī	quibus	quibus	quibus	
Akk.	quem	quam	quod	quōs	quās	quae	
Abl.	quō	quā	quō	quibus	quibus	quibus	

8. Demonstrativpronomina

8.1 ille, illa, illud

	Singular			Plural		
	m.	*f.*	*n.*	*m.*	*f.*	*n.*
Nom.	ille	illa	illud	illī	illae	illa
Gen.	illīus	illīus	illīus	illōrum	illārum	illōrum
Dat.	illī	illī	illī	illīs	illīs	illīs
Akk.	illum	illam	illud	illōs	illās	illa
Abl.	illō	illā	illō	illīs	illīs	illīs

8.2 hic, haec, hoc

	Singular			Plural		
	m.	*f.*	*n.*	*m.*	*f.*	*n.*
Nom.	hic	haec	hoc	hī	hae	haec
Gen.	huius	huius	huius	hōrum	hārum	hōrum
Dat.	huic	huic	huic	hīs	hīs	hīs
Akk.	hunc	hanc	hoc	hōs	hās	haec
Abl.	hōc	hāc	hōc	hīs	hīs	hīs

8.3 is, ea, id

vgl. Tabelle 5 oben!

9. Interrogativpronomina

cūr? warum?
quandō? wann?
quid? was?
quō? wohin?
quot? wie viele?
nōnne? etwa nicht? denn nicht?
quī, quae, quod? *adjektivisch* welcher, welche, welches?
quis? wer?
quōmodo? wie? auf welche Weise?
ubī? wo?

10. Präpositionen

mit Akkusativ	mit Ablativ	mit Ablativ und Akkusativ
ad zu, zu … hin, an, bei, nach **ante** vor **apud** bei, nahe bei **inter** zwischen, unter, während **per** durch, hindurch, über **post** hinter, nach **praeter** außer **prope** bei, nahe bei	**ā/ab** von, von … her **cum** mit **dē** von, von … her(ab), über **ē/ex** aus, von … her **sine** ohne	**in** *mit Akk.* nach (... hin), in (... hinein), gegen *(wohin?)* *mit Abl.* in, an, auf, bei *(wo?)* **sub** *mit Abl.* unter *(wohin?)* *mit Abl.* unten an, unten bei, unter *(wo?)*

11. Subjunktionen

temporal		kausal	
dum	während, solange, (so lange) bis	**quod**	weil
postquam	nachdem, als	**quoniam**	da ja, weil ja
antequam	bevor	**quia**	weil
priusquam	bevor		
cum	als (plötzlich), jedes Mal wenn		
ubī	sobald		
ubī prīmum	sobald		

Bd. 2, S. 74 ff.

temporal		kausal	
quamquam	obwohl	**sī**	wenn, falls
etiamsī	auch wenn, wenn auch	**nisī**	wenn nicht

Bd. 2, S. 74 ff.

Lösungen

Seite 11:

Gut getarnt? Grundwörter: vide-, laet-, humanita(t)-, clam-, templ-, domin- /
Nomenbaustein: -is, -is, -o, -o / Verbbaustein: -ba, -tis, -o

Wurmwörter: a) 3. Pers. Sing. Präs. Ind. Akt. – 3. Pers. Sing. Imp. Ind. Akt. – 3. Pers. Sing. Imp. Ind. Pass. – 3. Pers. Pl. Imp. Ind. Pass. – **b)** Imperativ Sing. – 3. Pers. Sing. Präs. Ind. Akt. – Imperativ Pl. – **c)** Nom. Sing. – Abl. Sing. – (oder Imperativ Sing. von consulere) – Akk. Sing. – **d)** Nom. Sing. – Dat. Sing. – Dat. / Abl. Pl. – Dat. / Abl. Pl. + angehängtes -que (und)

Seite 12:

Die Freunde fragen Rufus: „Wohin führst du uns, Freund?" –
Rufus: „Der Plan des Anführers gefällt uns sicherlich."

Seite 13:

Bausteinpuzzle: laudaverunt, laudavistis, laudavit, laudavisti / **regunt**, regebas, regit, rego / **moneo**, monemus, mones / **duxerunt**, duxistis, duxit, duxisti / **amicos**, amico / **petunt**, petebas, peto, petit / **plaudunt**, plaudebas, plaudo, plaudit / **luserunt**, lusistis, lusit, lusisti / **amamus**, amas / **veniunt**, veniebas, venio, venimus, venis

Die zersägte Jungfrau: dux (Nom. Sing.: der Anführer) – duxi (1. Pers. Sing. Perf. Ind. Akt. von ducere: ich habe geführt) – duxisti (2. Pers. Sing. Perf. Ind. Akt. von ducere: du hast geführt) – duxistis (2. Pers. Pl. Perf. Ind. Akt. von ducere: ihr habt geführt)

Seite 15:

Deklinationspapyrus: magistratus – magistratus – magistratui – magistratum – magistratu / magistratus – magistratuum – magistratibus – magistratus – magistratibus

Verwechslungsgefahr: 1. Nom. Sing. – **2.** Gen. Sing. – **3.** Nom. Pl. – **4.** Akk. Pl.

-us-Fälle: 1. Ein großer Teil des Heeres hat viele Gebäude erobert. (Gen. Sing.)

Seite 16:

2. Viele Beamte hören nicht auf die Ratschläge der Konsuln. (Nom. Pl.) – **3.** Das neue Haus ist mitten auf dem Forum. (Nom. Sing.) – **4.** Die Römer loben die Beamten oft. (Akk. Pl.)

Seite 18:

Deklinationspapyrus: dies – diei – diei – diem – die / dies – dierum – diebus – dies – diebus

Seite 19:

1. **1.** res bonae (Nom. Pl.) ➜ res bona – **2.** rerum magnarum (Gen. Pl.) ➜ rei magnae – **3.** rebus magnis (Dat. oder Abl. Pl.) ➜ rei magnae (Dat. Sing.) oder re magna (Abl. Sing.) – **4.** rem parvam (Akk. Sing.) ➜ res parvas – **5.** rei certae (Gen. oder Dat. Sing.) ➜ rerum certarum (Gen. Pl.) oder rebus certis (Dat. Pl.)
2. Nom. Sing.: res publica – Gen. Sing.: rei publicae – Dat. Sing.: rei publicae – Akk. Sing.: rem publicam – Abl. Sing.: re publica / Nom. Pl.: res publicae – Gen. Pl.: rerum publicarum – Dat. Pl.: rebus publicis – Akk. Pl.: res publicas – Abl. Pl.: rebus publicis
3. Substantive der e-Deklination: rebus – fidei – diem – spes – faciem – meridiei – acie – rerum. Übrig bleiben: **r**eges – **e**sse – **s**aepe. Lösungswort: **res**

Seite 21:

1. -is – **2.** –i – **3.** –em – **4.** –es – **5.** –ibus – **6.** –i – **7.** –ia – **8.** -ium

Seite 22:

waagerecht: acribus (Dat. Pl. und Abl. Pl. *m./f./n.*) – celeris (Nom. Sing. *f.* und Gen. Sing. *m./f./n.*) – levis (Nom. Sing. *m./f.*; Gen. Sing. *m./f./n.*) – divitum (Gen. Pl. *m./f./n.*) – **senkrecht:** paupere (Abl. Sing. *m./f./n.*) – ingentis (Gen. Sing. *m./f./n.*) – fortium (Gen. Pl. *m./f./n.*) – nobilia (Nom. Pl. und Akk. Pl. *n.*) – **diagonal:** vetus (Nom. Sing. *m./f./n.*; Akk. Sing. *n.*) – celeres (Nom. Pl. und Akk. Pl. *m./f.*) – acrem (Akk. Sing. *m./f.*)

Seite 23:

1. **1.** magno exercitui – **2.** longis cursibus – **3.** parva manu – **4.** multorum magistratuum – **5.** antiquam domum
2. **o-Deklination:** dominus, -i / amicus, -i; **u-Deklination:** portus, -us / domus, -us / casus, -us;
   Kons. Deklination: vulnus, -neris / tempus, -oris

Seite 24:

3. **1.** brevis / ~~breve~~ dies – **2.** acer / ~~acris~~ / ~~acre~~ gladius – **3.** nobilis / ~~nobile~~ consul – **4.** similis / ~~simile~~ portus – **5.** fortis / ~~forte~~ puella – **6.** tristis / ~~triste~~ mercator – **7.** ~~gravis~~ / grave poculum – **8.** dulcis / ~~dulce~~ res
4. **Nom. Sing.:** res magna – res felix – **Nom. Pl.:** res malae – res acres – **Akk. Pl.:** res antiquas – res acres – **Gen. Sing.:** rei malae – **Dat. Sing.:** rei malae – rei levi
   Die Formen boni und multorum passen in keine Truhe.

Seite 25:

5. **1.** medicum sapientem – **2.** populos fortes – **3.** gaudium breve – **4.** templa vetera – **5.** amore felici – **6.** mercatorum divitum – **7.** feminas nobiles – **8.** cum amica prudenti
6. **Abl. Sing.:** fide / exercitu / ingenti – **Gen. Sing.:** rei / tumultus / currus / acris – **Nom. Pl.:** difficiles / tumultus / currus / dies – **Gen. Pl.:** magistratuum / rerum / divitum – **Dat. Pl.:** spebus / veteribus / exercitibus
7. Ein Esel wollte die riesige Last nicht mehr tragen und entfloh dem (seinem) armen Herrn. Eine kurze Zeit lang ging er durch die Wälder und fand das Fell eines riesigen Löwen. Er zog es an und erschreckte die Menschen. Alle Menschen glaubten, dass er ein wilder Löwe sei. Schließlich sah der Esel seinen alten Herren und er erhob heftiges Geschrei. Ein riesiges Ohr jedoch ragte aus dem Fell hervor; deshalb erkannte der glückliche Herr seinen Esel.

Seite 27:

eum patrem – eis templis – eam puellam – eius regis – eas vias – eo servo – cum eo puero – ea dona – eos muros – earum amicarum – ea vox – id templum

Seite 28:

Die Mauern Roms (I): Einst fand der Hirte Faustulus zwei kleine Jungen am Ufer eines Flusses und eilte mit ihnen nach Hause. Diese Zwillinge nannte er Romulus und Remus und zog sie mit großer Fürsorge auf.

1. **1.** Spurius Claram Rufumque quaerit, tum risum **eorum** audit. – **2.** Rufus librum **suum** quaerit.

Seite 29:

3. Clara librum **eius** invenit. – **4.** Spurius cum Clara et amicis **eius** ludit. – **5.** Magister **earum** eas laudavit. – **6.** Rufus avum **suum** visitat. Forte **eius** amicus adest, qui poeta clarus est. – **7.** Liberi servos audiunt. **Eorum** pedes machinam movent.

2. **Die Mauern Roms (II):** Später gründeten die Brüder Romulus und Remus eine neue Stadt. Diese Stadt jedoch umgab Romulus mit kleinen Mauern und bezeichnete diese als heilig. Daraufhin lachte Remus ihn aus und sprang über die kleinen Mauern. Romulus antwortete ihm mit großer Wut: „Die Mauern Roms sind heilig!" Darauf tötete Romulus ihn.

Seite 30:

1. is campus – eius puellae – iis regibus – ea bestia – eorum magistrorum – ei servo – eo patre
2. **1.** Clara amica Rufi est. Hodie **eum** visitat. – **2.** Pater **eius** magister est. – **3.** Itaque Clara libenter cum **eo** de schola disputat. – **4.** Is de Romulo et Remo **eis** narrat. – **5.** **Ea** fabula Clarae non placet, nam **eius** finis crudelis est.
3. **1.** In einem kleinen Teich lebte ein Frosch. Einst erblickte dieser Frosch einen großen Ochsen. (ea rana: *Demonstrativpronomen*) – **2.** Sogleich blies er seine runzelige Haut auf, denn er war sehr neidisch auf dessen Größe. (eius: *Possessivpronomen*) – **3.** Dann rief er seine Freunde herbei: „Seht, ich bin gewiss schon so groß wie dieser Ochse!". (is bos: *Demonstrativpronomen*) – **4.** Diese verneinten und lachten ihn aus. (ii: *Demonstrativpronomen*; eam: *Personalpronomen*) – **5.** Aber dieser kleine Frosch wollte den Ochsen an Größe übertreffen, deshalb fuhr er fort, sich aufzublasen … und zerplatzte schließlich. (ea rana: *Demonstrativpronomen*)

Seite 33:

1. laudābō: ich werde loben – laudābis: du wirst loben – laudābit: er/sie/es wird loben – laudābimus: wir werden loben – laudābitis: ihr werdet loben – laudābunt: sie werden loben
2. **1.** du wirst lieben – **2.** sie werden lachen – **3.** wir werden betrachten – **4.** ihr werdet haben – **5.** er/sie/es wird geben – **6.** ich werde ermahnen
3. Rigorosus erzählt: Die Gladiatoren werden nicht mit Waffen, sondern mit Bällen kämpfen. Die Menschen werden nicht nur Pferde, sondern auch schnelle Fahrzeuge anschauen. Der Sieger wird eine riesige Menge Geld haben (besitzen).

Seite 34:

ī-Konjugation: audiam, audiēs, audiet, audiēmus, audiētis, audient – **Kons. Konjugation:** agam, agēs, aget, agēmus, agētis, agent – **Kurz-i-Konjugation:** faciam, faciēs, faciet, faciēmus, faciētis, facient

Seite 35:

esse-Amphore: erō – eris – erit – erimus – eritis – erunt

posse-Amphore: poterō (ich werde können) – poteris (du wirst können) – poterit (er/sie/es wird können) – poterimus (wir werden können) – poteritis (ihr werdet können) – poterunt (sie werden können)

Seite 36:

1. **1.** adiuvabo (ich werde helfen) – **2.** timebunt (sie werden fürchten) – **3.** audiemus (wir werden hören) – **4.** poterunt (sie werden können) – **5.** petes (du wirst bitten) – **6.** cupiet (er/sie/es wird wollen) – **7.** possidebitis (ihr werdet besitzen) – **8.** erit (er/sie/es wird sein) – **9.** promittemus (wir werden versprechen)
2. **1.** audebat (Imperfekt) – **2.** eras (Impferfekt) – **3.** capiunt (Präsens)
3. **vives:** 2. Pers. Sing. Fut. I von vivere – **ambulabimus:** 1. Pers. Pl. Fut. I von ambulare – **carebimus**: 1. Pers. Pl. Fut. I von carere – **deerit:** 3. Pers. Sing. Fut. I von deesse – **parabunt:** 3. Pers. Pl. Fut. I von parare – **poteris:** 2. Pers. Sing. Fut. I von posse – **erimus:** 1. Pers. Pl. Fut. I von esse – **legam:** 1. Pers. Sing. Fut. I von legere – **patebunt:** 3. Pers. Pl. Fut. I von patere – **dormiemus:** 1. Pers. Pl. Fut. I von dormire – **invenies:** 2. Pers. Sing. Fut. I von invenire – **laudabis:** 2. Pers. Sing. Fut. I von laudare – **cupies:** 2. Pers. Sing. Fut. I von cupere – Du wirst einen sehr guten Tag mit mir (er)leben. Zuerst werden wir spazierengehen. Wir werden weder Mangel an Speisen haben noch wird Musik fehlen. Sklaven werden uns eine wunderbare Mahlzeit zubereiten. Auch Löwen und Gladiatoren wirst du im Amphitheater betrachten können. Später werden wir in den Thermen Freizeit verbringen. Die Gedichte des Catull werde ich mir dir lesen. Auch die Tempel der Götter werden dir offenstehen. Abends werden wir auf dem Landgut schlafen. Sowohl deinen Freund Rigorosus als auch deine Freundin Julia wirst du dort (vor)finden. Gewiss wirst du diesen Tag sehr loben. Niemals wirst du nach Hause zurückkehren wollen!

Seite 37:

4. **1.** iudicabo – **2.** poterit – **3.** dormietis – **4.** ememus – **5.** dicemus – **6.** audiam – **7.** dolebunt – **8.** conspicies. **Lösungswort:** Cleopatra

Seite 39:

1. **vocav-ero**, vocav-eris, vocav-erit, vocav-erimus, vocav-eritis, vocav-erint – **tacu-ero**, tacu-eris, tacu-erit, tacu-erimus, tacu-eritis, tacu-erint – **dix-ero**, dix-eris, dix-erit, dix-erimus, dix-eritis, dix-erint
2. **1.** Wenn du wiederkommst (oder: gekommen bist), werde ich sehr glücklich sein und dir viele Geschenke geben. – **2.** Wenn die Götter meine Bitten/Gebete hören (oder: gehört haben), werden sie dich mir zurückgeben. – **3.** Wenn ich Rom verlassen kann, werde ich dich sofort besuchen. – **4.** Wenn du mein Haus betreten hast (oder: betrittst), werde ich dich wie eine Königin behandeln.

Seite 40:

laudari-Amphore: er/sie/es wird gelobt – wir werden gelobt – ihr werdet gelobt – sie werden gelobt

Seite 41:

audiri-Amphore: audiris – auditur – audimur – audimini – audiuntur

capi-Amphore: capitur – capimur – capimini – capiuntur

Zauberstab: tegimus (wir bedecken) – tegimur (wir werden bedeckt), terreris (du wirst erschreckt) – terres (du erschreckst), dant (sie geben) – dantur (sie werden gegeben)

Seite 42:
1. Clara wird erwartet./Man erwartet Clara. – **2.** Die Freunde freuen sich sehr./Man macht den Freunden eine große Freude. – **3.** Ihr Geschrei ist zu hören./Man hört ihr Geschrei.

Seite 43:
invitat ➜ invitatur, multos amicos ➜ multi amici, Clara ➜ a Clara
Clara hodie multos amicos invitat. ➜ Multi amici hodie a Clara invitantur.

Seite 44:
moneor (ich werde ermahnt), moneris (du wirst ermahnt), monetur (er, sie, es wird ermahnt), monemur (wir werden ermahnt), monemini (ihr werdet ermahnt), monentur (sie werden ermahnt) – **ducor** (ich werde geführt), duceris (du wirst geführt), ducitur (er, sie, es wird geführt), ducimur (wir werden geführt), ducimini (ihr werdet geführt), ducuntur (sie werden geführt)

Seite 45 (46):
Passivschaukel: exspectare: exspector, exspectabaris, exspectatur, exspectabamur, exspectamini, exspectabantur – **fallere:** fallebar, falleris, fallebatur, fallimur, fallebamini, falluntur – **vincire:** vincior, vinciebaris, vincitur, vinciebamur, vincimini, vinciebantur – **capere:** capiebar, caperis, capiebatur, capimur, capiebamini, capiuntur
Futur I Passiv: audieris (du wirst gehört werden), audietur (er/sie/es wird gehört werden), audiemur (wir werden gehört werden), audiemini (ihr werdet gehört werden), audientur (sie werden gehört werden) – falleris (du wirst getäuscht werden), falletur (er/sie/es wird getäuscht werden), fallemur (wir werden getäuscht werden), fallemini (ihr werdet getäuscht werden), fallentur (sie werden getäuscht werden)

Seite 46:
laudabimur – finietur – inveniar – visitabor

Seite 47:
1. **1.** legetur – **2.** quaerebaris – **3.** capior – **4.** movebuntur – **5.** conservabimini –
Lösung: Lupus ad lunam! (Der Wolf [singt] den Mond an!)
2. **Imperf. Pass.:** monebaris, regebamur, capiebar, relinquebaris, rogabantur, exspectabamini, fallebatur –
Fut. I Pass.: laudabitur, fallemini, videbimini, vincar, ducentur, timeberis, vocabimur –
Präs. Pass.: relinquimur, vocor, rogaris, videtur, donantur

Seite 48:
3. **1.** Clara ab amicis visitatur. – **2.** Nam dies festus agitur. – **3.** Clamor a Clara auditur. – **4.** Victoria Clarae ab omnibus amicis celebratur. – **5.** Itaque magna scriblita (ab iis) in hortum portatur. – **6.** Tum scriblita (ab iis) editur et lac (ab iis) bibitur. – **7.** Paulo post magna voce carmina laeta canuntur. – **Übersetzung: 1.** Clara wird von den (ihren) Freunden besucht. – **2.** Denn ein Festtag wird gefeiert. – **3.** Das Geschrei wird von Clara gehört. – **4.** Der Sieg Claras wird von allen Freunden gefeiert. – **5.** Daher wird eine große Torte (von ihnen) in den Garten getragen. – **6.** Dann wird die Torte (von ihnen) gegessen und Milch getrunken. – **7.** Etwas später werden mit lauter Stimme fröhliche Lieder gesungen.
4. **1. Deck:** dabor (1. Pers. Sing. Fut. I Pass.) – <u>vincebamur</u> (1. Pers. Pl. <u>Imperf.</u> Pass.) – vocaberis (2. Pers. Sing. Fut. I Pass.) – vendetur (3. Pers. Sing. Fut. I Pass.) – visitabimini (2. Pers. Pl. Fut. I Pass.) – **2. Deck:** rapiebamini (2. Pers. Pl. Imperf. Pass.) – quaerebantur (3. Pers. Pl. Imperf. Pass.) – <u>salutabitur</u> (3. Pers. Sing. <u>Fut. I</u> Pass.) – prohibebamur (1. Pers. Pl. Imperf. Pass.) – **3. Deck:** portamur (1. Pers. Pl. Präs. Pass.) – observaris (2. Pers. Sing. Präs. Pass.) – placantur (3. Pers. Pl. Präs. Pass.) – <u>legetur</u> (3. Pers. Sing. <u>Fut. I</u> Pass.) – moneris (2. Pers. Sing. Präs. Pass.)

Seite 50:
m.: laudātus eram, laudātus erās, laudātus erat – laudātī erāmus, laudātī erātis, laudātī erant
f.: laudāta eram, laudāta erās, laudāta erat – laudātae erāmus, laudātae erātis, laudātae erant
n.: laudātum erat – laudāta erant
Spurius, der Rasante: 1. interrogati estis (ihr seid gefragt worden) – **2.** laudatae eramus (wir waren gelobt worden) – **3.** capta es (du bist gefangen worden) – **4.** relicti erant (sie waren zurückgelassen worden) –

5. visa sum (ich bin gesehen worden) – 6. vocati sumus (wir sind gerufen worden) – 7. amatae sunt (sie sind geliebt worden) – 8. celebratum est (es ist gefeiert worden; man hat gefeiert) – 9. auditum erat (es war gehört worden; man hatte gehört)

Seite 51:

m.: laudātus erō, laudātus eris, laudātus erit – laudātī erimus, laudātī eritis, laudātī erunt
f.: laudāta erō, laudāta eris, laudāta erit – laudātae erimus, laudātae eritis, laudātae erunt
n.: laudātum erit – laudāta erunt

Seite 52:

1. **Rufus** (Perfekt Passiv) fischt: observata est, laudatus sum, motum est ➜ 3 Fische! – **Quintus** (Imperfekt Passiv) fischt: laudabar, liberabamur, capiebaris, trahebamini ➜ 4 Fische! – **Maria** (Präsens Passiv) fischt: peteris, trahimur, relinquitur, moneor, nominamini ➜ 5 Fische! – **Clara** (Plusquamperfekt Passiv) fängt immerhin einen Fisch, nämlich vituperati erant!

Seite 53:

2. 1. imperamini – 2. interrogor – 3. iactatur – 4. invitamur – 5. illuderis – 6. importantur – **Lösung:** igitur („also")
3. 1. exspector – 2. volabo – 3. placebo – 4. delectaris – 5. deletur – 6. liberabo – 7. observor – **Lösung:** papilio („Schmetterling")

Seite 55:

4. Ich freue mich, dass Clara und Julia da sind.
1. 1. einleitendes Verb: videt – Akkusativ: gladiatores – Infinitiv: pugnare. – Linus sieht, dass die Gladiatoren kämpfen/Linus sieht die Gladiatoren kämpfen. – 2. einleitendes Verb: gaudet – Akkusativ: spectatores – Infinitiv: sedere. – Clara freut sich, dass so viele Zuschauer im Kolosseum sitzen. – 3. einleitendes Verb: constat – Akkusativ: Romanos – Infinitiv: gaudere. – Es ist bekannt, dass sich die Römer über Spiele freuen. – 4. einleitendes Verb: audit – Akkusativ: populum – Infinitiv: clamare. – Claudius hört, dass das Volk ruft/ Claudius hört das Volk rufen.

Seite 56:

2. 5. einleitendes Verb: puto – Akkusativ: gladiatores viros fortes – Infinitiv: esse. – Linus: „Ich glaube, dass die Gladiatoren tapfere Männer sind." – 6. einleitendes Verb: videt – Akkusativ: leones saevos – Infinitiv: temptare (homines timidos ist als Objekt von temptare abhängig). – Clara sieht, dass die wilden Löwen die ängstlichen Menschen angreifen.
3. 1. einleitendes Verb: gaudet – Akkusativ: leones saevos – Infinitiv: parcere. – Julia freut sich, dass die wilden Löwen einige Christen schonen. – 2. einleitendes Verb: scit – Akkusativ: Claram – Infinitiv: delectari. – Denn Julia weiß, dass Clara von der Grausamkeit der Spiele nicht erfreut wird. – 3. einleitendes Verb: audit – Akkusativ: gladios – Infinitiv: crepare. – Claudius hört die Schwerter rasseln./Claudius hört, dass die Schwerter rasseln. – 4. einleitendes Verb: sentit – Akkusativ: amicum – Infinitiv: moveri. – Julia fühlt, dass ihr Freund durch das Schauspiel sehr berührt (bewegt) wird. – 5. einleitendes Verb: apparet – Akkusativ: Claudium et Iuliam – Infinitiv: favere. – Es ist offensichtlich, dass Claudius und Julia die germanischen Gladiatoren bevorzugen.

Seite 57:

1. **Präsens Aktiv:** laudare, monere, agere, custodire/**Perfekt Aktiv:** laudavisse, monuisse, egisse, custodivisse/ **Präsens Passiv:** laudari, moneri, agi, custodiri/**Perfekt Passiv:** laudatum esse, monitum esse, actum esse, custoditum esse

Seite 58:

2. 1. occisos esse: Es ist bekannt, dass viele Sklaven oder Gefangene in der Arena getötet wurden. – 2. parata esse: Die alten Schriftsteller überliefern, dass großartige Schauspiele von den Kaisern und Beamten (vor)bereitet wurden. – 3. habuisse: Wir wissen, dass der Kaiser die Macht über Leben und Tod (inne)hatte. – 4. necari: Zuweilen freute sich die Menge, dass Menschen grausam von Tieren getötet wurden.
se oder eum? Clara dolet se in amphitheatrum venisse. – Clara dolet eum vitam amisisse.

Seite 59:

1. Clara: „Ich weiß, dass ich das wilde Schauspiel nicht liebe." – **2.** Claudius: „Ich glaube, dass ihr von den Spielen sehr erfreut werdet, aber ich fühle, dass du traurig bist, Clara! – **3.** Julia versichert, dass sie durch die Schnelligkeit der Pferde sehr begeistert (bewegt) wird. – **4.** Julia und Clara erzählen, dass sie traurig darüber sind, dass die Tiere getötet wurden. – **5.** Sie sind traurig darüber, dass sie getötet wurden. – **6.** Der verwundete Gladiator freut sich, dass ein Freund ihm zu Hilfe kommt. – **7.** Er freut sich, dass er ihm zu Hilfe kommt. – **8.** Der Kaiser erkennt, dass die Menge seine Geschenke liebt.

Seite 60:

1. **1.** Placet magistro viros corpora exercere. – Es gefällt dem Trainer, dass die Männer ihre Körper trainieren (üben). – **2.** Placet magistro gladiatores dolores tolerare. – Es gefällt dem Trainer, dass die Gladiatoren Schmerzen aushalten (ertragen). – **3.** Placet Spurio adversarios superari. – Es gefällt Spurius, dass die Gegner überwunden werden. – **4.** Placet magistro adversarium victum esse. – Es gefällt dem Trainer, dass der Gegner besiegt worden ist. – **5.** Placet Spurio cursorem celerem esse. – Es gefällt Spurius, dass der Läufer schnell ist. – **6.** Placet magistro spectatores laetos domum discedere. – Es gefällt dem Trainer, dass die Zuschauer fröhlich nach Hause (weg)gehen.

2. **1.** Spurius amicos adesse gaudet. – Spurius freut sich, dass die Freunde da sind (oder: helfen). – **2.** Apparet Dionysium tyrannum saevum esse. – Es ist klar, dass Dionysius ein wilder Tyrann ist (oder: dass der Tyrann Dionysius wild ist.) – **3.** Damocles putat vitam Dionysii felicissimam esse. – Damokles glaubt, dass das Leben des Dionysius sehr glücklich ist. – **4.** Constat vitam tyranni ab insidiis tutam non esse. – Es ist bekannt, dass das Leben eines/des Tyrannen nicht sicher vor Anschlägen ist.

Seite 61:

5. Scimus Damoclem tyranno invidere. – Wir wissen, dass Damokles den Tyrannen beneidet. – **6.** Subito autem videt gladium capiti imminere. – Plötzlich aber sieht er, dass ein Schwert über seinem Kopf schwebt/seinen Kopf bedroht. – **7.** Apparet Damoclem diutius ibi non mansisse. – Es ist klar, dass Damokles nicht länger dort geblieben ist.

3. **Präsens Aktiv:** ridere, dormire, egere, redire/**Perfekt Aktiv:** didicisse, studuisse, mansisse, promisisse/ **Präsens Passiv:** doceri, conspici, intellegi, trahi/**Perfekt Passiv:** datum esse, auctum esse, inventum esse, traditum esse

4. **1.** (c): Es steht fest, dass Livia eine listige Ehefrau gewesen ist. – **2.** (a): Alle wussten, dass Britannicus durch Gift getötet worden war. – **3.** (e): Nero behauptete, dass die Stadt Rom von den Christen in Brand gesteckt wurde (worden war). – **4.** (b): Die alten Schriftsteller überliefern, dass Claudius dumm gewesen ist. – **5.** (f): Wer bezweifelt, dass Agrippina von ihrem Sohn Nero grausam getötet worden ist? – **6.** (d): Es ist klar, dass Augustus auch heute (noch) von vielen Menschen gelobt wird.

Seite 62:

5. **1.** Nero se artificem praeclarum esse putabat. – Nero glaubte, dass er ein großartiger Künstler sei. – **2.** Sed intellegebat homines opera sua non amare. – Aber er begriff, dass das Volk seine Werke nicht liebte. – **3.** Dolebat populum sibi non favere. – Er war traurig darüber, dass das Volk ihm nicht gewogen war. – **4.** Constat eum Romam incendisse. – Es steht fest, dass er Rom in Brand gesteckt hat. – **5.** Dicebat autem se innocentem esse. – Er sagte aber, dass er unschuldig sei.

6. **(I)** Es steht fest, dass Maximus der beste (Heer-)Führer des Kaisers Marcus Aurelius war. Marcus Aurelius freute sich oft, dass Maximus Truppen besiegte, die Grenzen des Reiches ausdehnte und niemals besiegt wurde. Daher meinte er, dass nach seinem Tod Maximus die Republik wiederherstellen könne. Denn er glaubte, dass sein Sohn Commodus das Reich nicht regieren könne. – **(II)** Nachdem er seinen Vater getötet hatte, befahl Commodus aber aus Neid und Zorn, Maximus festzunehmen und zu töten (… ließ Commodus … Maximus festnehmen und töten). – Wir wissen, dass Maximus nicht umgebracht wurde, sondern dem Tod entkommen ist. Nachdem er nach Hause gekommen war, schmerzte es ihn sehr, dass seine geliebte Ehefrau von den Soldaten des Commodus grausam gequält und mit seinem Sohn ermordet worden war.

Seite 63:

(III) Es ist klar, dass Maximus später von afrikanischen Kaufleuten gefangen und in die Sklaverei weggeführt wurde. Ein Kaufmann aber erkannte, dass er sehr gut kämpfen und ihm sehr nutzen konnte. Er meinte nämlich, dass er ihm viele Reichtümer verschaffen könnte. – **(IV)** Und es steht tatsächlich fest, dass Maximus alle Gegner überwunden hat und als berühmtester Gladiator Roms hervorgetreten ist. Er hörte, dass die Menge in der Arena seinen Namen rief und er freute sich, dass er große Macht hatte. Auch der Kaiser musste nämlich dem Willen der Menge gehorchen. (Es war nämlich nötig, dass auch der Kaiser …) – **(V)** Maximus wusste aber, dass die Menge ihm gewogen war. Daher verspottete er Commodus immer wieder. Es steht fest, dass Commodus schließlich mit Maximus in der Arena bis zur Entscheidung kämpfte. Und obwohl Maximus vor dem Kampf verwundet worden war, wissen wir, dass er Commodus dennoch getötet hat. Alle Zuschauer – sei es in der Arena, sei es im Kino – waren traurig, dass Maximus schließlich in der Arena gestorben ist.

Seite 64:

1. **Nom. Sing.:** impetus, res, opus – **Akk. Sing.:** impetum, rem, opus – **Gen. Pl.:** impetuum, rerum, operum – **Dat. / Abl. Pl.:** rebus, operibus
2. magistratus prudentes – magistratus prudentis – magistratus prudentes / spei verae – spe vera – spei verae / exercitui ingenti – exercitibus ingentibus – exercituum ingentium / diem brevem – die brevi – dierum brevium

Seite 65:

3. **1.** pulchri (o-Dekl.) – **2.** rem (e-Dekl.) *oder:* regem (m.) – **3.** aedificium (Nom. / Akk.) – **4.** servi (Gen. Sing. / Nom. Pl.) – **5.** pia (a-Dekl.)
4. domus, -us *f.* das Haus – navis, -is *f.* das Schiff – senatus, -us *m.* der Senat – nobilis, e vornehm – dives, divitis reich – fides, fidei *f.* die Treue – celer, is, e schnell – tempus, oris *n.* die Zeit
5. acri – brevibus – lato – altis – tali – iusta – vetere. **Lösungswort:** Ablativ

Seite 66:

6. rerum talium – hominum pauperum – facinus crudele – spei bonae – exercitus Romani – summa virtus – brevi tempore
7. brev**i** – exercit**us** – impet**us** – parv**a** – mult**as** ali**as** – omn**es** – **1.** In kurzer Zeit besiegten die römischen Heere viele Stämme der Gallier. – **2.** Aber Asterix und Obelix können die heftigen Angriffe der römischen Soldaten immer wieder abwehren. – **3.** Die Römer fürchten die zwei Gallier und ihre (deren) Freunde, denn die kleine Schar erschreckt diese (sie) oft. – **4.** Clara wünscht (will) euch viele andere Dinge über Asterix und Obelix zu erzählen, aber plötzlich kommt die Mutter und Clara legt weiter alle Dinge auf ihren Platz zurück (Clara fährt fort, alle Dinge auf ihren Platz zurückzulegen).

Seite 67:

8. **habebimus** – habebunt – habebit – habebo – habere / **aderimus** – aderunt – aderit – adero – adesse / **sentiemus** – sentient – sentiet – sentiam – sentire / **ducemus** – ducent – ducet – ducam – ducere / **faciemus** – facient – faciet – faciam – facere
9. dedero potu**eris** – leg**erit** – pepul**erimus** – audiv**eritis** – defend**erint**
10. **1.** Si Pluto et Proserpina mihi uxorem meam <u>reddiderint</u>, eis semper gratus ero. – Wenn Pluto und Proserpina mir meine Gattin zurückgeben, werde ich ihnen immer dankbar sein. – **2.** Si Eurydica Tartarum <u>reliquerit</u>, denuo omnibus vitae rebus gaudebo. – Wenn Eurydike den Tartarus verlässt, werde ich mich von neuem über alle Dinge des Lebens freuen. – **3.** Cum domum meam <u>intraverit</u>, eam multis beneficiis afficiam. – Wenn sie mein Haus betritt, werde ich ihr viel Gutes tun (werde ich sie mit vielen Wohltaten versehen). – **4.** Cum mecum <u>ambulaverit</u>, eam carminibus pulchris delectabo. – Wenn sie mit mir spazierengeht, werde ich sie mit schönen Liedern erfreuen.

Seite 68:

11. **1. rogor**, rogaris, rogatur, rogamur, rogamini, rogantur / **2. capiebar**, capiebaris, capiebatur, capiebamur, capiebamini, capiebantur / **3. mittar**, mitteris, mittetur, mittemur, mittemini, mittentur / **4. territus sum**, territus es, territus est, territi sumus, territi estis, territi sunt / **5. inventus eram**, inventus eras, inventus erat, inventi eramus, inventi eratis, inventi erant / **6. consulta ero**, consulta eris, consulta erit, consultae erimus, consultae eritis, consultae erunt
12. puniebar – puniti, -ae eramus / vincebaris – victus, -a eras / vexabamini – vexati, -ae eratis / cupiebamur – cupiti, -ae, eramus / videbantur - visi, -ae, -a erant / interficiebatur – interfectus, -a, erat

Seite 69:

13. opprimunt (sie unterdrücken) – opprimuntur (sie werden unterdrückt) / timebas (du fürchtetest) – timebaris (du wurdest gefürchtet) / commovit (sie hat bewegt) – commota est (sie ist bewegt worden) / necavimus (wir haben getötet) – necati sunt (sie sind getötet worden) / audiam (ich werde hören) – audiar (ich werde gehört werden) / defenderas (du hattest verteidigt) – defensus eras (du warst verteidigt worden) / clausistis (ihr habt eingeschlossen) – clausi estis (ihr seid eingeschlossen worden) / caedes (du wirst schlagen) – caederis (du wirst geschlagen werden) / appellabis (du wirst nennen) – appellaberis (du wirst genannt werden)
14. **tollam** (ich werde aufheben) – superabam – capis – **adducemur** (wir werden herangeführt werden) – dabantur – **nuntiabuntur** (sie werden gemeldet werden) – mittunt – contendimus – **tradent** (sie werden übergeben) – **augebis** (du wirst vermehren) – amaris – corrumpor – **laudabor** (ich werde gelobt werden) – **urentur** (sie werden verbrannt werden) – vulnerabatis – vincis – **servabitis** (ihr werdet retten).
Lösungswort: Tantalus

Seite 70:

15. **a-Konjugation:** interrogantur, laudabamini, liberabuntur, datum est, amati erant, mutatae erimus, nominari, vexatum esse / **e-Konjugation:** videtur, terrebar, providebitur, monitae sunt, auctum erat, risus ero, moveri, deletas esse / **ī-Konjugation:** sentitur, puniebamur, audiar, reperti estis, auditus eram, aperta erunt, inveniri, punitos esse / **Kons. und Kurz-i-Konjugation:** consulor, pellebaris, mittentur, abiectus est, rapta eras, conspectum erit, agi, corruptam esse – Die Verbform, die nicht hineingehört, heißt egi!

Seite 71:

16. Exercitus Romanus a Gallis fortibus opprimitur. – Das römische Heer wird von den tapferen Galliern überwältigt. – **1.** Totus orbis terrarum a Romanis expugnatus est. – Der ganze Erdkreis wurde von den Römern erobert. – **2.** Asterix amicus ab Obelige adiuvatur. – Der Freund Asterix wird von Obelix unterstützt. – **3.** Milites Romani semper a Cantorige magna voce terrebantur. – Die römischen Soldaten wurden immer von Cantorix mit lauter Stimme erschreckt. – **4.** Etiam amici a Cantorige magna voce vexabantur. – Auch die Freunde wurden von Cantorix mit lauter Stimme gequält. – **5.** Tamen ab Asterige et Obelige e periculo servabitur. – Dennoch wird er von Asterix und Obelix aus der Gefahr gerettet werden.
17. **1.** eam rem (Akk. Sing. *f.*) – **2.** ea virtute (Abl. Sing. *f.*) – **3.** earum manuum (Gen. Pl. *f.*) – **4.** iis diebus (Abl./Dat. Pl. *m.*) – **5.** id opus (Nom./Akk. Sing. *n.*) – **6.** eum portum (Akk. Sing. *m.*)
18. 12 Pronomina: vobis, eum, eo, tu, mihi, eos, eorum, nostrum, ei, iis, eius, is

Seite 72:

19. Id oppidum clarum est. Graeci **id** diu oppugnaverunt. Subito **ii (ei)** absunt, sed donum reliquerunt: equum ligneum. Troiani **eum** in oppidum trahere student. Laocoon autem Troianos admonet: „Puto milites in **eo** latere." Subito Laocoon et filii **eius** a serpentibus opprimuntur. Statim Troiani clamant **eum** a deis punitum esse. – **Übersetzung:** Diese Stadt ist berühmt. Die Griechen belagerten sie lange. Plötzlich sind diese (sie) weg, aber ließen ein Geschenk zurück: ein hölzernes Pferd. Die Trojaner wollen es in die Stadt ziehen. Laokoon aber ermahnt die Trojaner: „Ich glaube, dass Soldaten in diesem verborgen sind." Plötzlich werden Laokoon und seine Söhne von Schlangen erdrückt. Sofort schreien die Trojaner, dass er von den Göttern bestraft worden sei.
20. **1.** Calvinus amico **se vitam suam describere** narrat. – Calvin erzählt dem Freund, dass er sein Leben beschreibe. – **2.** Hobbes dubitat et dicit **Calvinum sex tantum annos natum esse**. – Hobbes zögert und sagt, dass Calvin erst sechs Jahre alt sei. – **3.** Calvinus **se unam tantum paginam habere** respondet. – Calvin antwortet, dass er nur eine Seite habe.

Seite 73:

21. **1.** Wer weiß nicht, dass Herkules ein tapferer und kluger Mann gewesen sei? – **2.** Die Schriftsteller überliefern, dass Alkmene ihn von Jupiter geboren habe. – **3.** Sicherlich versteht ihr, dass Juno, die Gattin Jupiters, von Hass bewegt worden ist. – **4.** Deshalb beschloss sie Herkules zu töten und zu dem Jungen zwei Schlangen zu schicken. – **5.** Es ist bekannt, dass Herkules die Tiere mit eigener (seiner) Hand getötet hat. – **6.** Ihr hörtet, dass der König Eurystheus ihm zwölf Arbeiten auferlegt hat. – **7.** Die griechischen Schriftsteller erzählen, dass Herkules viele schreckliche Ungeheuer besiegt hat. – **8.** Es ist bekannt, dass Herkules die Einwohner der Stadt Nemea von einem Löwen befreit hat. – **9.** Außerdem sagen die Dich-

ter, dass der erymanthische Eber von ihm getötet worden sei. – **10.** Herkules freute sich, dass er auch den Zerberus zum König Eurystheus geschleppt hat. – **11.** Der tapfere Mann meinte, dass er alle Arbeiten leicht erledigen könne. – **12.** Wer weiß nicht, dass Herkules nicht durch Kampf, sondern durch schändlichen Betrug besiegt worden ist? – **13.** Es ist offenbar, dass jener Herkules einem elenden Tod nicht entgangen ist.
In Satz 4 steht kein AcI!

Seite 76:
dum-Satz: Gleichzeitigkeit – **postquam-Satz:** Vorzeitigkeit – **ubi-Satz:** Vorzeitigkeit

Seite 77:
postquam-Sätze: **1.** angesehen hat – **2.** angesehen hatte
Kausalsätze: **1.** Clara freut sich, weil sie viele (und) schöne Geschenke bekommen hat. – **2.** Clara war froh, weil sie schöne Geschenke bekommen hatte. – **3.** Die Mutter ruft die Kinder zum Essen, da alle Freunde ja da sind. – **4.** Die Mutter rief die Kinder, weil das Essen ja vorbereitet (worden) war.

Seite 78:
Konzessivsätze: **1.** Auch wenn Clara sich Mühe gegeben hat, ist der Kuchen nicht gut. – **2.** Auch wenn Clara sich große Mühe gegeben hatte, war der Kuchen nicht gut. – **3.** Obwohl der Kuchen nicht lecker ist, sind die Freunde zufrieden. – **4.** Obwohl der Kuchen nicht lecker war, waren die Freunde zufrieden.
Kondizionalsätze: Mutter: „Wenn alle deine Freunde kommen (werden), wird ein Kuchen nicht genug sein!" – Clara (lacht): „Wenn du nicht kommst (kommen wirst), wird ein Kuchen genug sein. Meine Mutter ist nämlich ein kleiner Vielfraß, wenn sie Kuchen sieht!"

Seite 80:
1. **1.** postquam: Nachdem die Mutter den Tisch vorbereitet hat, feiern die Kinder Claras Geburtstag. – **2.** dum: Während die Freunde sangen, betrachtete Clara die Geschenke der Freunde. – **3.** dum: Während sie die vielen (und) schönen Geschenke betrachtet, ist Clara froh. – **4.** postquam: Nachdem die Freunde Claras Kuchen gelobt hatten, war Clara zufrieden.
2. **1.** quia: Viele Leute sind heute in das Olympiastadion gekommen, weil Borussia kommt. *(kausal)* – **2.** etiamsi: Die Zuschauer erwarten ein großes Schauspiel, auch wenn einige Spieler verletzt oder krank sind. *(konzessiv)* – **3.** ubi: Sobald die Spieler das Stadion betreten haben, singen die Zuschauer. *(temporal)*

Seite 81:
4. dum: Während die Spieler sich auf das Spiel vorbereiten, machen die Fans von Borussia die „La ola" (-Welle). *(temporal)* – **5.** cum: Jetzt verkündet eine Stimme über das Mikrofon die Namen der Spieler. Jedes Mal wenn die Stimme (irgend)einen Spieler nennt, jubeln die Fans des Spielers. *(temporal)* – **6.** si: Das Spiel beginnt. Wenn Bayern gewinnt, werden die Fans von Borussia traurig sein. *(kondizional)*
3. Nachdem die Römer einen großen Teil Galliens erobert hatten, waren sie dennoch nicht die Herrscher über Gallien. Ein Dorf nämlich widersetzte sich noch den römischen Soldaten, obwohl die Römer stärker waren. Dieses Dorf konnte von den Römern nicht erobert werden, weil es vom schlauen Asterix und seinen Freunden bewohnt wurde. Auch wenn Asterix ein kleiner Gallier war, war er unbesiegbar, da er ja den Zaubertrank immer bei sich hatte. Daher erlitten die Römer, jedes Mal wenn sie Parvibonum belagerten, eine große Niederlage.

Seite 83:
Unterstreichungen: Rufus, qui novam tabulam rotalem habet, Mariam interrogat. (Rufus, der ein neues Skateboard hat, fragt Maria.)
Ibi amicae sunt, quae libenter tabulis rotalibus saltant. (Dort sind die Freundinnen, die gern mit den Skateboards springen.)
Relativpronomina einsetzen: **1.** Clara, quae bene saltat, amica mea est. Clara, die gut (mit dem Skateboard) springt, ist meine Freundin. – **2.** Rufus, qui Claram venire videt, clamat. Rufus, der Clara kommen sieht/der sieht, dass Clara kommt, ruft (sie). – **3.** Ecce forum, quod plenum liberorum est! Sieh mal, der Platz, der voll von Kindern ist!

Seite 84:
Kennkarten: Nom. Sing. *f.*/Akk. Sing. *f.*

Seite 85:
Kofferanhänger: 1c (den ich oft besuche) – 2d (dem Clara einen Keks gibt) – 3a (der in der Stadt wohnt) – 4b (dessen Vater Lehrer ist)
Fälle mit Biss: 1. Dort ist Rufus, mit dem zusammen Clara (mit dem Skateboard) springt. – **2.** Schau, der Junge, von dem ich das Skateboard bekommen habe. – **3.** Das Mädchen, von dem ich erzählt habe, ist Clara. – **4.** Die Freunde, mit denen zusammen ich (mit dem Skateboard) gesprungen bin, eilen nun nach Hause.

Seite 86:
1. Clara kennt den Jungen, dessen (cuius) Vater Lehrer ist. – **2.** Heute gibt Clara Rufus, den (quem) sie oft besucht, einen Keks.

Seite 87:
3. Was (Quod) Rufus sagt, gefällt der Freundin sehr. – **4.** Gern geht er (sie, es) auch mit Maria, die (quae) eine Freundin des Rufus ist, spazieren. – **5.** Diese erzählt den Freunden, mit denen (quibuscum) sie immer spielt, Witze. – **6.** Diese (Qui) wollen wieder und wieder die Witze hören. – **7.** Die Geschichte, mit der (quā) Linus die Kinder erfreuen will, ist uns bekannt. – **8.** Die Kinder hören aufmerksam die Geschichten, deren (quarum) Autor Phädrus heißt.

Seite 88:
1.

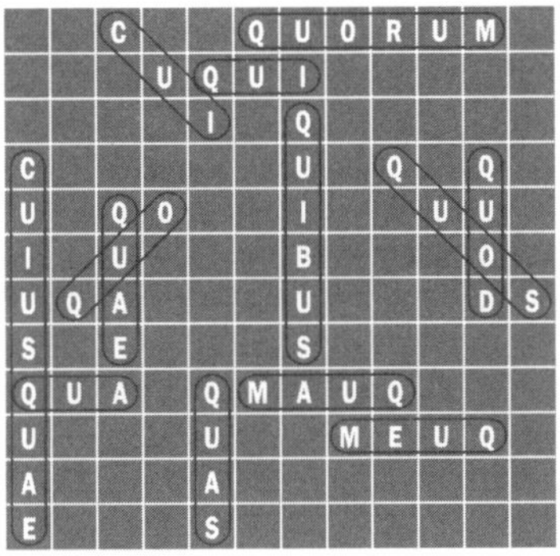

Es fehlt quarum!

2. **1.** (c) Sicher hast du schon von den Galliern, die die Römer nicht besiegen können, gehört. – **2.** (d) Cäsar, dessen Soldaten ganz Gallien außer einem kleinen Dorf erobert haben, ist der oberste Feldherr der Römer. – **3.** (b) Asterix und Obelix, die in diesem Dorf leben, sind gute Freunde.

Seite 89:
4. (e) Der Druide, dessen Name Panoramix (in der deutschen Ausgabe: Miraculix!) ist, gibt den Freunden den Zaubertrank. – **5.** (a) Obelix aber, der als Kind in den Zaubertrank gefallen ist, darf [ihn] nicht trinken.

3. Dat. Pl. *m.* – quibus; Akk. Sing. *f.* – quae; Akk. Sing. *n.* – quod; Nom. Pl. *n.* quae; Nom. Sing. *m.* – qui; Akk. Sing. *m.* – quem; Gen. Pl. *m.* – quorum; quo muss allein bleiben.

4. **a)** Was ich gehört habe, habe ich dir gesagt (id fehlt). – **b)** Derjenige (is fehlt), dessen Name „Felix" lautet, ist der nicht glücklich? – **c)** Was Jupiter erlaubt ist, ist dem Rindvieh [noch lange] nicht erlaubt (id fehlt). – **d)** Wen du nicht respektierst, den belehrst/erziehst du [auch] nicht (eum fehlt).

Seite 91:
1. Cistae in plaustro positae in oppidum novum transportantur. – Nachdem die Kisten in den Lastwagen gestellt worden sind, werden sie in die neue Stadt transportiert. – **2.** Clara et Linus a Rigoroso relicti amicum valde desiderant. – Nachdem/Weil Clara und Linus von Rigorosus verlassen worden sind, vermissen sie ihren Freund sehr.

Seite 95:

1. amicae amatae – amicae desideratae – adulescentem vulneratum – bestias captas – carmina scripta – dominarum pulsarum – (cum) equis ductis – (cum) equis cultis – fratri laudato – pueros: keine Zuordnung möglich! – homines vexati – libertatis amatae – libertatis desideratae – oppidum expugnatum – imperatoribus victis – imperatoribus cultis – imperatoribus ductis
2. a) + b) ++ c) – d) +

Seite 96:

3. **1.** lacessiti – **2.** abducta – **3.** oppugnata

Seite 97:

4. exhausti / constructum – **5.** decepti / datum – **6.** tracto

4. Nachdem die Karthager im Zweiten Punischen Krieg von den Römern besiegt worden waren, wurden sie von den Siegern immer wieder zu einem neuen Krieg gereizt. Denn weil viele römische Senatoren entweder von Neid oder von Furcht bewegt waren, wollten sie Karthago zerstören. Da (oder: Obwohl!) die Einwohner Karthagos von großer Furcht erfüllt waren, übergaben sie ihre Waffen und Schiffe den Römern. Vergeblich aber befahlen die Römer den Karthagern, ihre Stadt zu verlassen. Schließlich wurde Carthago, nachdem / obwohl es viele Jahre lang mit großer Tapferkeit von Männern und Frauen verteidigt worden war, von römischen Soldaten in Brand gesteckt. Der letzte Tag der Stadt, die lange von den Römern belagert worden war, kam. Danach war Rom die Herrin des Weltkreises / der Welt.

Seite 100:

Dat. Sing. *m./f.*: voca-nt-ī – Akk. Sing. *m./f.*: voca-nt-em – Gen. Sing. *n.*: voca-nt-is – Dat. Sing. *n.*: voca-nt-ī – Abl. Sing. *n.*: voca-nt-e – Nom. Pl. *m./f.*: voca-nt-ēs – Gen. Pl. *m./f.*: voca-nt-ium – Abl. Pl. *m./f.*: voca-ntibus – Dat. Pl. *n.*: voca-ntibus – Akk. Pl. *n.*: voca-nt-ia – Abl. Pl. *n.*: voca-ntibus

Seite 103:

1. **dare** – dantibus – datis – daturis / **delectare** – delectantes – delectatos – delectaturos / **monstrare** – monstrantem – monstratum (oder: monstratam) – monstraturum (oder: monstraturam) / **clamare** – clamantis (oder: clamanti, clamantes) – clamatae – clamaturae / **appellare** – appellantibus – appellatis – appellaturis / **monstrare** – monstrante (oder: monstranti) – monstrato – monstraturo / **amare** – amans – amatus – amaturus / **temptare** – temptans – temptatus (oder: temptata, temptatum) – temptaturus (oder: temptatura, temptaturum)
2. **PPA:** mater videns – hominem sentientem – puerorum rapientium – militibus relinquentibus – montis delentis – **PPP:** patri viso – doloris sensi – dona rapta – Roma relicta – aedificium deletum – **PFA:** liberos visuros – puellam sensuram – sorores rapturas / rapturae – incolae relicturi – militem deleturum

Seite 104:

3. **accedentibus** (PPA – Dat. Pl. / Abl. Pl. – *m./f./n.*); **accusaturi** (PFA – Gen. Sing. *m./n.* – Nom. Pl. *m.*); **afficiente** (PPA – Abl. Sing. – *m./f./n.*); **audientium** (PPA – Gen. Pl. – *m./f./n.*); **capturos** (PFA – Akk. Pl. – *m.*); **iubens** (PPA – Nom. Sing. *m./f./n.* – Akk. Sing. *n.*); **missuris** (PFA – Dat. Pl. / Abl. Pl. – *m./f./n.*); **ridentem** (PPA – Akk. Sing. – *m./f.*); **sciens** (PFA – Nom. Sing. *m./f./n.* – Akk. Sing. *n.*); **scripturarum** (PFA – Gen. Pl. – *f.*); **sperantes** (PPA – Nom. Pl. / Akk. Pl. – *m./f.*); **venienti** (PPA – Dat. Sing. – *m./f./n.*); **victuras** (PFA – Akk. Pl. – *f.*); **vulnerato** (PPP – Dat. Sing. / Abl. Sing. – *m./n.*)

Seite 105:

4.1 **lusurae** (Z. 2) = PFA zu ludere (spielen): Gen. Sing. *f.* oder Dat. Sing. *f.* oder Nom. Pl. *f.* – Beziehungswort ist virgines ➜ lusurae = Nom. Pl. *f.* – **collecturae** (Z. 2) = PFA zu colligere (sammeln): Gen. Sing. *f.* oder Dat. Sing. *f.* oder Nom. Pl. *f.* – Beziehungswort ist virgines ➜ lusurae = Nom. Pl. *f.* – **latentem** (Z. 3) = PPA zu latere (verborgen sein): Akk. Sing. *m./f.* – Beziehungswort ist serpentem ➜ latentem = Akk. Sing. *m.* – **vulnerata** (Z. 4) = PPP zu vulnerare (verletzen): Nom. Sing. *f.* oder Abl. Sing. *f.* oder Nom. Pl. *n.* oder Akk. Pl. *n.* – Beziehungswort ist virgo ➜ vulnerata = Nom. Sing. *f.* – **desiderans** (Z. 5) = PPA zu desiderare (vermissen): Nom. Sing. *m./f./n.* oder Akk. Sing. *n.* – Beziehungswort ist Orpheus ➜ desiderans = Nom. Sing. *m.* – **repetiturus** (Z. 6) = PFA zu repetere (zurückfordern): Nom. Sing. *m.* – Beziehungswort ist Orpheus ➜ repetiturus = Nom. Sing. *m.* – **cantans** (Z. 7) = PPA zu cantare (singen): Nom. Sing. *m./f./n.*

oder Akk. Sing. *n.* – Beziehungswort ist das Subjekt in movit, also Orpheus → cantans = Nom. Sing. *m.* – **regentium** (Z. 7) = PPA zu regere (beherrschen): Gen. Pl. *m./f./n.* – Beziehungswort ist Qui, also Pluto und Proserpina → regentium = Gen. Pl. *m.* – **commoti** (Z. 8) = PPP zu commovere (bewegen): Gen. Sing. *m./n.* oder Nom. Pl. *m.* – Beziehungsworte sind Plutonis Proserpinaeque → commoti = Nom. Pl. *m.* – **amanti** (Z. 8) = PPA zu amare (lieben): Dat. Sing. *m./f./n.* – Beziehungswort ist tibi → amanti = Dat. Sing. *m.* – **ambulantem** (Z. 9) = PPA zu ambulare (spazierengehen): Akk. Sing. *m./f.* – Beziehungswort ist uxorem → ambulantem = Akk. Sing. *f.* – **amante** (Z. 11) = PPA zu amare (lieben): Abl. Sing. *m./f./n.* – Beziehungswort ist viro → amante = Abl. Sing. *m.*

4.2 Die Menschen fürchten (sich vor) Schlangen, denn die Tiere, die in dichten Gräsern leben, sind oft gefährlich. Einstmals kamen einige junge Frauen auf eine schöne Wiese, um zu spielen und um Blumen zu sammeln. Unter ihnen war Eurydike, eine junge Frau von großer Schönheit. Die junge Frau sah die Schlange nicht, weil sie im Gras verborgen war, und, nachdem/weil sie von dem Tier verletzt worden war, starb sie (schied sie aus dem Leben). – Da Orpheus, der Ehemann der Eurydike, seine Gattin sehr vermisste, fasste er einen Entschluss: Er stieg in den Tartarus hinab, um Eurydike zurückzufordern. – Und siehe da! Indem/Weil er süß auf seiner Leier spielte, bewegte er die Seelen des Pluto und der Proserpina, die den Tartarus beherrschten. Diese sprachen, da sie von den Liedern des jungen Mannes bewegt worden waren: „Da du deine Gattin sehr liebst, werden wir dir Eurydike zurückgeben. Solange ihr im Tartarus seid, wende aber deine Augen nicht zu deiner Gattin, die hinter dir wandelt." – Ist dir etwa nicht das Ende dieser Geschichte von dem Mann, der zu sehr liebte, bekannt?

Seite 108:

1. Als/Weil der erste Brief von Rigorosus eintrifft, sind die Freunde fröhlich. (Sinnrichtung: temporal oder kausal; gleichzeitig) – **2.** Als/Während/Weil Clara den Brief von Rigorosus vorlas, waren die Freunde aufmerksam. (Sinnrichtung: temporal oder kausal; gleichzeitig)

Seite 109:

Caesare vivo: Gliedsatz: Als Cäsar lebte, … – Präpositionalausdruck: Zu Lebzeiten Cäsars …
Caesare Ciceroneque vivis: Gliedsatz: Als Cäsar und Cicero lebten, … – Präpositionalausdruck: Zu Lebzeiten Cäsars und Ciceros …

Seite 111:

1. **1.** cadentia (PPA Nom. oder Akk. Pl. *n.* von cadere) – postulantis (PPA Gen. Sing. *m./f./n.* von postulare) – **2.** vocati (PPP Gen. Sing. *m./n.* oder Nom. Pl. *m.* von vocare) – **3.** portanti (PPA Dat. Sing. *m./f./n.* von portare) – **4.** consulis (2. Pers. Sing. Präs. von consulere oder Gen. Sing. von consul) – praesentis (Gen. Sing. von praesens) – ducis (2. Pers. Sing. Präs. von ducere oder Gen. Sing. von dux) – **5.** urbis (Gen. Sing. von urbs) – templa (Nom./Akk. Pl. von templum) – salutantis (PPA Gen. Sing. *m./f./n.* von salutare) – **6.** nos (Nom./Akk. Pl.) – ego (Nom. Sing.)
2. **urbe capta** – **tabernis aedificatis** (oder: clausis/visis) – **te laborante** (oder: capta/capto/currente/pugnante/fugiente) – **leone capto** (oder: currente/pugnante/fugiente) – **templis visis** (oder: aedificatis/clausis) – **bestiis clausis** (oder: laborantibus/audientibus) – **equo currente** (oder: laborante/capto/pugnante/fugiente) – **gladiatore pugnante** (oder: capto/currente/fugiente) – **oppido aedificato** (oder: capto) – **magistris laborantibus** (oder: disputantibus/audientibus) – **arbore caesa** – **senatoribus disputantibus** (oder: laborantibus/audientibus) – **nobis audientibus** (oder: disputantibus/laborantibus) – **tempore fugiente**

Seite 112:

3. z. B.: parentibus auctoribus (auf Veranlassung der Eltern) – Cleopatra mortua (nach dem Tode der Kleopatra) – magico praesente (in Gegenwart des Zauberers) – liberis invitis (gegen den Willen der Kinder) – Romulo vivo (zu Lebzeiten des Romulus)
4. **1.** Nachdem das römische Schiff beladen worden war … – Nach dem Beladen des römischen Schiffes …

Seite 113:

2. Nachdem diese Dinge (dieses) getan (worden) waren … – Nach Durchführung dieser Dinge … – **3.** Als sich ein fremdes Schiff näherte … – **4.** Als/Da die fremden Matrosen durch ein Zeichen um Hilfe baten … – **5.** Da die Falle nicht bemerkt worden war … – Da er die Falle nicht bemerkt hatte …

Seite 114:

5. Magna nube super Vesuvium montem visa Pompeiani tamen laeti erant. (Obwohl eine große Wolke über dem (Berg) Vesuv gesehen worden war, …/Obwohl sie eine große Wolke über dem (Berg) Vesuv gesehen hatten, waren die Pompejaner dennoch fröhlich.) – Magno periculo imminente homines in oppido sub monte sito manserant. (Obwohl eine große Gefahr drohte, waren die Menschen in der am Fuße des Berges gelegenen Stadt geblieben.) – Tremore autem terrae aucto incolae e domiciliis discedere studuerunt. (Als aber das Erdbeben stärker geworden war, bemühten sich die Einwohner ihre Wohnungen zu verlassen.) – Sed sero erat: viris, feminis liberisque fuga salutem petentibus cinis lapidesque de caelo ceciderunt. (Aber es war zu spät: während (als) die Männer, Frauen und Kinder ihr Heil in der Flucht suchten, fielen Asche und Steine vom Himmel.)

Seite 115:

6. **Odysseus bei Polyphem:** **1.** poculo accepto – **2.** Graecis sub ovibus latentibus – **3.** Polyphemo dormiente – **4.** oculo usto
   Odysseus bei Circe: **5.** sociis commutatis – **6.** nympha amore Ulixis capta – **7.** Ulixe remedium adhibente – **8.** specie sociorum restituta
7. Unterstrichene Abl. abs. (markiert sind die Ablativ-Signale): Troi**a** exstinct**a**; bell**o** Troian**o**; bell**o** Troian**o** finit**o**; litor**e** Troiae relict**o**; omn**i** sp**e** demiss**a**; sol**e** occident**e**; ceter**is** homin**ibus** in bestias immutat**is**
   Als Troja ausgelöscht worden war, brach Odysseus in seine Heimat auf. Dort erwartete Penelope nach der Beendigung des Trojanischen Krieges schon lange ihren Ehemann. Nachdem er aber die Küste Trojas verlassen hatte, erlebte (wörtl.: sah) Odysseus zusammen mit seinen Gefährten viele Gefahren. Eines Tages, als alle Hoffnung schon aufgegeben war, sah er plötzlich bei Sonnenuntergang die Insel, wo Kirke, nachdem sie die übrigen Menschen in Tiere verwandelt hatte, einsam mit den Tieren lebte.

Seite 117:

1. **1.** venturos esse: Clara hofft, dass ihre Freunde kommen (werden). – **2.** superaturum esse: Linus glaubt, dass er Clara besiegen wird. – **3.** fore: Die Schüler hoffen, dass der Lehrer zufrieden sein wird. – **4.** futuram esse: Die Zuschauer haben gemerkt, dass Clara die beste Läuferin sein wird. – **5.** fore: Linus aber hoffte, dass er der Sieger sein würde.
2. **1.** Linus dixit homines ludos amaturos esse. (Linus sagte, dass die Menschen Spiele lieben werden.) – **2.** Linus amico narrat homines in Hispania tauros trucidaturos esse. (Linus erzählt dem Freund, dass die Menschen in Spanien Stiere niedermetzeln werden.) – **3.** Linus scit Germanum aurigam optimum futurum esse. (Linus weiß, dass ein deutscher Rennfahrer der beste sein wird.) – **4.** Linus: Constat athletas magnas divitias sibi paraturos esse. (Linus: Es steht fest, dass die Athleten sich großen Reichtum erwerben werden.)

Seite 118:

1.

A	L	D	E	N	T	A	I	M	G
E	A	U	I	Q	U	O	D	P	B
T	P	M	B	T	N	C	Q	R	F
I	O	Q	U	I	A	U	V	I	R
A	S	C	H	E	A	M	A	U	T
M	T	S	O	M	O	N	I	S	I
S	Q	R	Q	M	A	S	E	Q	A
I	U	U	S	U	O	I	V	U	M
G	A	I	Q	U	O	N	I	A	M
M	M	P	T	S	M	I	L	M	I

12 Subjunktionen – Temporalsatz: ubi, cum, postquam, priusquam, dum/**Kausalsatz:** quoniam, quia, quod/ **Konzessivsatz:** quamquam, etiamsi/**Kondizionalsatz:** si, nisi

2. **1.** Titus, **cuius** pater senator est, saepe in forum properat. (Titus, dessen Vater Senator ist, eilt oft auf das Forum.) – **2.** Is, **qui** Iuliam exspectat, iam unam horam ante templum Vestae stat. (Derjenige, der auf Julia wartet, steht schon eine Stunde vor dem Tempel der Vesta.) – **3.** Tandem Iulia, **quae** Tito placet,

venit. (Endlich kommt Julia, die dem Titus gefällt.) – **4.** Nunc Titus cum Iulia, **quam** valde amat, in foro ambulat. (Jetzt geht Titus mit Julia, die er sehr liebt, auf dem Forum spazieren.) – **5.** Subito Titus amicos videt, **quibuscum** per vias ambulare solet. (Plötzlich sieht Titus die Freunde, mit denen er gewöhnlich durch die Straßen spazierengeht.) – **6.** Statim Titus, **qui** eos convenire non vult, cum Iulia foro cedit. (Sofort geht Titus, der sie nicht treffen will, mit Julia vom Forum weg.)

Seite 119:

3. **1.** Quis nescit Aeneam auctorem gentis Romanae fuisse? (Wer weiß nicht, dass Äneas der Gründer des römischen Volkes gewesen ist?) – **2.** De cuius vita Vergilius poeta nobis narrat. (Über sein (dessen) Leben erzählt uns der Dichter Vergil.) – **3.** Qui tradit Aeneam e Troia ardente fugisse. (Dieser überliefert, dass Äneas aus dem brennenden Troja geflohen sei.) – **4.** Post multos annos Aeneas Carthaginem pervenit. (Nach vielen Jahren gelangte Äneas nach Karthago.) – **5.** Quam urbem vix intraverat, cum Dido regina ei apparuit. (Er hatte diese Stadt kaum betreten, als ihm die Königin Dido erschien.)

4. **1.** Diese liebte den Trojaner sofort. – **2.** Aber von Äneas, der dem Willen der Götter gehorchte, wurde sie heimlich verlassen. – **3.** Dieser nämlich segelte mit seinen Gefährten nach Italien, dessen wilde Völker er später besiegte. – **4.** Dort stieg er bei Cumae in die Unterwelt hinab und traf seinen Vater Anchises, von dem er sein Schicksal *(im Dt. Singular)* hörte. – **5.** Dieser erzählte ihm viel über berühmte Männer der Stadt Rom.

5. **sedere** – sedens – sessus, -a, -um – sessurus, -a, -um / **conspicere** – conspiciens – conspectus – conspecturus / **cognoscere** – cognoscenti – cognito, -ae – cognituro, -ae / **monere** – monentis (oder: monentes) – moniti – monituri – vulnerare – vulnerantibus – vulneratis – vulneraturis / **facere** – faciente – facto, -a – facturo, -a / **amittere** – amittentes (oder: amittentis) – amissae – amissurae / **occidere** – occidentibus – occisis – occisuris

Seite 120:

6. imperator sedens – pace facta – scelere cognito – puella legente – puero roganti - uxoris amantis – viri clamantes – militibus convocatis

7. **1.** consule (Abl. Sing. von consul, kein PPA) – **2.** laeto (Dat./Abl. Sing *m./n.* von laetus, kein PPP) – **3.** venturi (PFA Gen. Sing. *m./n.* oder Nom. Pl. *m.* von venire, kein PPA) – **4.** roganti (PPA Dat. Sing. *m./f./n.* von rogare, kein Adjektiv) – **5.** principes (Nom./Akk. Pl. von princeps, kein PPA)

8. aus Zorn – nachdem die Rede gehalten war – nachdem der Krieg beendet war – unter der Herrschaft des Nero – vom Freund verlassen – unter der Führung Hannibals – aus Hass – zu Lebzeiten der Mutter – nach dieser Antwort / **Participium coniunctum:** ira commotus – ab amico relictus – odio adductus – **Ablativus absolutus:** oratione habita – bello confecto – hoc responso dato – **Ablativus absolutus ohne Partizip:** Hannibale duce – Nerone imperatore – matre viva

Seite 121:

9. **1.** Nullo piratis resistente (Da keiner den Piraten Widerstand leistete, ...) – **2.** Periculo cognito (Nachdem die Gefahr erkannt worden war, .../Nachdem er die Gefahr erkannt hatte, ...) – **3.** Multis nautis vulneratis (Nachdem viele Soldaten verwundet worden waren, ...) – **4.** Lucio irato invito (Gegen den Willen des zornigen Lucius ...)

Seite 122:

10. **1.** Nachdem schon viele Häuser durch Flammen zerstört und die Straßen schon mit Asche und Steinen bedeckt worden waren, eilten einige Menschen zur Küste. – **2.** Da das Meer durch die Erdbeben aufgewühlt war, waren die Menschen nicht einmal an der Küste sicher. – **3.** Obwohl ein neuer Tag begann, war dennoch überall Nacht. Nachdem die Stadt zerstört worden war und viele Pompejaner getötet worden waren, war Kampanien keine glückliche Gegend mehr.

11. **1.** Zwei junge Männer begehrten ein Mädchen. – **2.** Obwohl der Arme den Reichen an schöner Gestalt übertraf, besiegte ihn dennoch der Reiche. – **3.** Sobald der Tag der Hochzeit gekommen war, lief der Arme in den Garten, weil er den Schmerz nicht aushalten konnte. – **4.** Während er traurig im Garten saß, kam der Hochzeitszug zu seinem Haus. – **5.** Der Esel aber, der dem Armen gewöhnlich Gewinn einbrachte, stand bei der Haustür. – **6.** Nachdem die Leute des Hochzeitszuges jenen Esel zufällig gemietet hatten, wurde auf Veranlassung der Venus der Himmel durch Winde bewegt. (*Partizipialkonstruktion:* Venere auctore). – **7.** Während die ängstlichen Gefährten des Mädchens den Schutz in der Flucht suchten, betrat der Esel das bekannte Haus. – **8.** Sobald dieser mit lauter Stimme angezeigt hatte, dass er gekommen sei, eilten die Sklaven herbei. – **9.** Nachdem das schöne Mädchen erblickt worden war, meldeten sie dies dem Herrn. (*Partizipialkonstruktion:* Puella pulchra conspecta)

Seite 123:

10. Jener aber betrank sich unter einigen Freunden sitzend mit Wein. (*Partizipialkonstruktion:* Ille autem inter nonnullos amicos sedens). – **11.** Durch diese Nachricht wurde er erfreut. – **12.** Auf die Ermahnungen von Bacchus und Venus vollendete der junge Mann sofort unter Beifall der Freunde die Heirat/heiratete der junge Mann ... (*Partizipialkonstruktion:* Baccho et Venere monentibus). – **13.** Inzwischen suchten die Eltern die Tochter; der Reiche aber empfand Schmerz über den Verlust der Gattin. – **14.** Nachdem dem Volk gemeldet worden war, dass der arme junge Mann das Mädchen geheiratet habe, sagten alle den Göttern Dank.

12. **1.** Calvin und Hobbes spielen Krieg. – **2.** Calvin verkündet, dass er der Verteidiger der Freiheit und Hobbes der verhasste Tyrann sein werde. – **3.** Calvin sagt, dass dies ein Krieg sei und er siegen werde, nachdem Hobbes durch ein Geschoss verwundet worden sei. – **4.** Nachdem beide zur selben Zeit gestorben sind, erkennt Calvin, dass dieses Spiel dumm ist.

Seite 124:

Prädikat-Suchdienst: debuit – dedit

Seite 125:

Subjekt-Lieferservice: Hercules
Endungs-Ampel (2. Satz): Wieder und wieder gab dieser ihm eine neue Aufgabe.

Seite 126:

Zusammenfassung: Prädikat, Subjekt, Subjekt, Prädikat, Endung (oder: Kasus)
Satzgefüge-Sortier-Team: **1.** Nachdem Herkules, welcher ein Mann von großer Tapferkeit war, einen schrecklichen Löwen getötet hatte, freuten sich die Menschen sehr. – **2.** Denn der Löwe, der schrecklich und grausam war, hatte die Felder verwüstet und viele Menschen getötet.

Seite 127:

AcI-Spürnase: Der König Eurystheus befiehlt Herkules den Stall des Augias an einem Tag zu reinigen/auszumisten (oder: ... befahl dass, er den Stall ... reinigen/ausmisten soll).

Seite 128:

PC-Erkennungsdienst: Hercules ab Eurystheo iussus stabulum Augiae uno die purgare debuit. – Herkules musste, wie ihm von Eurystheus befohlen worden war, den Stall des Augias an einem Tag reinigen./Herkules musste auf Befehl des Eurystheus den Stall des Augias an einem Tag reinigen.
Fortsetzung der Geschichte: Nachdem Herkules den Stall gesehen hatte, erkannte er, dass er eine derart große Menge von Mist mit den Händen oder einer Mistgabel nicht entfernen konnte. Nachdem er dies überlegt hatte, fand Herkules jedoch einen anderen Weg, weil er einen Fluss gesehen (entdeckt) hatte, der in der Nähe des Stalles floss. Weil er die Fluten des Flusses in den Stall geleitet hatte, konnte Herkules diese schwere Arbeit vollenden. So befreite er die Menschen dieser Gegend vom üblen Gestank.